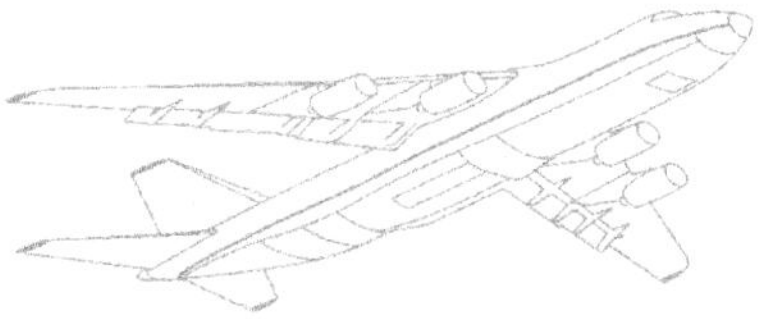

中国
推进综合运输服务能力建设理论与实践

交通运输部规划研究院 著

ZHONGGUO
TUIJIN ZONGHE YUNSHU FUWU NENGLI
JIANSHE LILUN YU SHIJIAN

人民交通出版社
北京

内 容 提 要

本书共5篇、18章，从理论到实践剖析我国综合运输服务发展现状和问题及我国综合运输服务提升面临的形势和要求，明确我国综合运输服务能力提升路径并构建了综合运输服务能力评价指标体系，主要内容包括：理论篇——综合运输服务能力建设总论；发展篇——中国综合运输服务的发展与创新；提升篇——推动综合运输服务能力提升的中国方案；国际篇——国外综合运输服务发展与能力监测；案例篇——长江中游城市群综合运输服务一体化发展。

本书可供从事交通运输规划与管理的相关政府机构、科研院校研究人员参考，也可供行业从业人员学习参考。

图书在版编目(CIP)数据

中国推进综合运输服务能力建设理论与实践/交通运输部规划研究院著. —北京：人民交通出版社股份有限公司，2024.4

ISBN 978-7-114-19297-5

Ⅰ.①中… Ⅱ.①交… Ⅲ.①综合运输—交通运输系统—建设—研究—中国 Ⅳ.①F512.4

中国国家版本馆CIP数据核字(2024)第059314号

书　　名：**中国推进综合运输服务能力建设理论与实践**
著 作 者：交通运输部规划研究院
责任编辑：戴慧莉
责任校对：孙国靖　卢　弦
责任印制：刘高彤
出版发行：人民交通出版社
地　　址：(100011)北京市朝阳区安定门外外馆斜街3号
网　　址：http://www.ccpcl.com.cn
销售电话：(010)59757973
总 经 销：人民交通出版社发行部
经　　销：各地新华书店
印　　刷：北京虎彩文化传播有限公司
开　　本：787×1092　1/16
印　　张：11.75
字　　数：256千
版　　次：2024年4月　第1版
印　　次：2024年4月　第1次印刷
书　　号：ISBN 978-7-114-19297-5
定　　价：70.00元

《中国推进综合运输服务能力建设理论与实践》编写委员会

前言

PREFACE

综合运输服务既涉及群众出行，又涉及物资运输保障，它关系国计民生，关系千家万户，关联亿万市场主体，是经济社会发展的重要依托。与综合交通运输总体发展阶段相适应，综合运输服务也经历了由中华人民共和国成立之初的“瓶颈制约”，到改革开放时期的“总体缓解”，再到党的十八大以来的“基本适应”等重大阶段性转变，并在党的十八大后跃上了新台阶。当前，我国综合运输服务能力显著增强，2022 年各种运输方式（含城市客运）完成营业性客运量 811 亿人次、营业性货运量 507 亿吨，相当于每天服务乘客 2.8 亿人次，运输货物 1.4 亿吨，我国已成为世界上运输最繁忙的国家之一。同时，网约车、共享单车、分时租赁、定制客运、网络货运等新业态、新模式蓬勃发展，新能源汽车推广应用范围不断扩大，绿色出行稳步推进，国际运输便利化水平明显提高，行业治理体系建设有序推进，智能化技术加快创新，综合运输服务实现了快速发展。

《交通强国建设纲要》提出要打造一流设施、一流技术、一流管理、一流服务，建成人民满意、保障有力、世界前列的交通强国。《国家综合立体交通网规划纲要》再次重申建设交通强国的“四个一流”要求。对标“双纲要”对“一流服务”的要求，我国综合运输服务还存在一些问题和不足，出行服务保障仍有短板，满足群众个性化、多层次出行需求能力需要加强，物流有待进一步降本增效，运输服务与现代化产业发展亟待深度融合，安全生产基础仍需夯实，治理体系建设任重道远。2023 年 9 月 25 日，习近平总书记在全球可持续交通高峰论坛致贺信中深刻指出，建设安全、便捷、高效、绿色、经济、包容、韧性的可持续交通体系，是支撑服务经济社会高质量发展、实现“人享其行、物畅其流”美好愿景的重要举措，这对综合运输服务提出了更高要求。未来，推进综合运输服务能力建设，持续提升综合运输服务质量与效益和支撑保障能力，是建成交通强国、当好中国式现代化开路先锋的重中之重。

提升综合运输服务能力需要对综合运输服务理论有系统的认识，对我国综合运输服务发展实际有深刻的了解，并且对综合运输服务能力有客观的监测评价。当前，全面研究综合运输服务能力的理论类或实践类书籍较少，本书在对综合运输服务内涵与外延进行深入分析的基础上，回顾我国综合运输服务发展的历程，剖析我国综合运输服务发展的现状和问题，判断我国综合运输服务提升面临的形势和要求，明确我国综合运输服务能力提升的路径，并构建了综合运输服务能力评价指标体系，且在评价指标体系中，首次引入大数据指标，以切实有效地反映国家综合运输服务能力的发展水平。最后，本书总结了国外综合运输服务发展的历程、趋势和能力监测等，以及以长江中游城市群为例，展现了综合运输服务能力提升的具体实践举措。本书的研究，对深刻理解综合运输服务理论、持续推进国家综合运输服务能力建设有重要的指导和借鉴意义，供大家学习、参考和借鉴。由于作者水平有限，书中难免有疏漏和不足之处，敬请有关专家、学者和运输服务领域从业者不吝批评指正。

本书由李弢担任主笔，魏永存、甘家华、信红喜、杜江涛、刘勇凤、周也方、成倩倩、李云汉、刘佳昆、陈波莅、林锦鸿、李绪茂、向宏杨、杨丁丁等参加了相关章节的撰写，在此深表感谢。感谢交通运输部运输服务司李华强、冯立光、余兴源、田桂飞等对本书相关研究内容的指正和建议，感谢交通运输部规划研究院综合运输研究所等部门对本书部分研究内容的支持，以及感谢本书编写过程中给予技术指导的各位专家学者。

作　者

2023 年 11 月

目录

CONTENTS

理论篇

综合运输服务能力建设总论

发展篇

中国综合运输服务的发展与创新

提升篇

推动综合运输服务能力提升的中国方案

国际篇

国外综合运输服务发展与能力监测

案例篇

长江中游城市群综合运输服务一体化发展

理论篇

综合运输服务能力建设总论

优化和完善综合运输服务，满足人民群众日益多样化的出行需求，促进物流业降本增效，是适应新时代经济社会高质量发展的内在要求，也是增强人民群众获得感、幸福感、安全感的有效途径，而提升综合运输服务能力则是优化和完善综合运输服务、推进现代综合运输服务体系建设的基本前提。《交通强国建设纲要》强调，要推动交通发展由各种方式相对独立发展向更加注重一体化融合发展转变，构建安全、便捷、高效、绿色、经济的现代化综合交通体系，打造一流设施、一流技术、一流管理、一流服务，建成人们满意、保障有力、世界前列的交通强国，这对综合运输服务能力提出了更高要求。推进交通强国建设，要坚持需求导向原则，抓住运输服务这个关键环节，加快推动基础设施“大建设”向运输服务“大整合”转变，推动单一方式“大发展”向综合运输“大服务”转型，推动交通建设“硬实力”向运输服务“软实力”转化。

第 1 章 综合运输服务基础理论

1.1 综合运输服务的理论基础

1.1.1 服务与运输服务

(1)服务的概念与特征。

自现代经济学诞生以来,"服务"就是一个极具争议的范畴。马克思首次明确界定了服务和实物产品的区别,不仅指出了服务具有使用价值和价值,而且认为服务与实物产品的区别体现为服务是一种活动形式,从而将人们的注意力从关注服务的产出形式转移到关注服务的活动过程。服务是人类劳动的一种形式,它将产生非实物劳动成果,具有满足人的需要的功能,服务产品是社会产品。大多数服务与一般物质商品相比,具有无形性、无法存储性、不可分离性和异质性等基本特征,而随着互联网经济发展与产业深度融合,服务逐渐又具有明显的知识性、跨界融合性等时代特征。

①无形性。服务不同于一般商品,除非服务包含在商品当中,否则服务便是无形的,这是服务具有的最主要的特性。首先,与有形的消费品或工农业产品相比较,服务的空间形态基本上是不固定的,在很多情况下不能被触摸到或不能被肉眼看到。其次,有些服务的实用价值或效果,往往在短期内不易被感受到,通常要等待一段时间后,使用或享用服务的人才能感觉到服务所带来的收益。

②无法存储性。服务的无形性导致了服务无法被储存,不能像一般有形产品在生产之后可以存放待售。在大多数情况下,服务的生产和消费必须在同一时间同一地点进行,例如仓储运输服务。虽然有些生产服务的设备会提前准备好,但生产出来的服务如不及时消费,同样会造成损失。因此,这就导致服务对于需求的波动更为敏感。

③不可分离性。服务的生产与消费过程通常同时发生,服务产品与其提供来源大多数是无法分割的。同时,很多有形产品与附加在其中的服务一起出售,顾客购买这些产品时,更多关注的是其所承载的服务。由于服务具有不可分割性,在大多数情况下,服

务的购买者必须介入生产流程并与服务的提供者进行密切互动,比如按需定制出行、精准推送服务等。

④异质性。服务具有高度的异质性,同一种服务受服务时间、地点及人员等因素的影响很大,尤其在与“人”直接接触的服务环节中,通常会因提供服务人员、接触顾客的不同而有所差异。因此,服务的质量和效果受生产者和消费者两方面的影响,这导致了服务质量具有很大弹性,也为创造优质服务提供了广阔发展空间。

⑤知识性。近年来,产业结构呈现“由硬变软”的趋势,技术、信息、知识密集型服务业发展迅速,运输、贸易、旅游、餐饮等传统服务业也借助于先进的科学技术与互联网手段,加速生产设备的更新换代,大大提高了劳动效率。可以说,当代服务业明显体现了知识经济的特征。

⑥跨界融合性。随着人们对更高生活品质的追求,服务作为影响用户体验的重要因素和环节,更多地与其他产业、有形商品、场所环境等跨界融合。一方面,服务业与制造业融合发展,推动我国服务业出现了产品化、标准化、连锁化的趋势;另一方面,制造业也开始服务业化,以产品为中心向服务端延伸,制造和服务一体化,全面提升了产品附加值。

(2)运输服务的概念与特征。

基于马克思对运输的部门划分及其对运输产品的论述,通常将运输的产出,即运输对象的空间位移,称为运输产品。从运输产品的特征来看,运输产品具有服务的一般特征。首先,运输活动虽然能够实现运输对象的空间位移,但是从其产品特征来看,运输活动的产出是无形的。其次,运输的生产和消费同时进行,其产出不能被储存。消费者通过消费运输活动的产品可以实现运输对象的空间位移,但并不能得到这种产品的所有权。对照西方学术界对“服务”的诸多定义,运输活动的产出属于服务产品。

从运输生产的过程来看,运输过程是提供劳务和服务的过程。运输活动的产品表现为运输对象的空间位移,但这种活动的实质是向社会提供运输劳务,劳务过程贯穿于运输活动的始终。运输生产的过程就是运输劳务的提供者通过服务劳动的形式,克服空间障碍为运输对象创造空间效用的过程。因此,运输生产过程即为服务过程,运输产品为服务产品。

综上,无论是从运输的产业归属、产品特征或者运输生产的过程来看,运输的产品都体现为一种服务,因而将其称为“运输服务”比“运输产品”更为合适。据此,可以将运输服务定义为:通过提供运输劳务实现的运输对象的空间位移,是具有时间效用的服务性产品。运输服务主要具有公共性、公益性、差异性三大特征。

①公共性。人的出行、物质的移动,都存在着对运输的需要,表现为运输服务的公共性特征。运输服务在广泛的社会范围内与广大群众均有着利害关系,在保证为人们在生产和生活过程中的“出行需要”提供服务的同时,也为社会物质的生产过程和流通过程中“物”的运输需要提供运输服务,对整个社会的经济发展和人民生活水平的提高均

有广泛的影响。因此,运输服务的生产具有批量性,在运输能力范围内,增加运输服务产出的边际成本很小,具有明显的共享性,呈现出一定程度的公共产品属性。

②公益性。运输服务通常为整个社会或某一区域的所有成员共同使用,不能分割使用,因此,运输服务具备公益特性,具有承担社会公益的义务。运输服务的公益性主要来自其产生的正外部性,包括技术外部性和金融外部性。运输服务的外溢为社会、经济的发展提供了较低的社会成本基础,为其他经济主体和生产经营领域产生更高的经济效益创造条件,甚至牺牲自身利益让与社会收益。

③差异性。不同类型的运输需求者对运输服务具有多种要求的特性,对运输质量有其基于本身需要的不同要求,并有一定程度的针对性,从而表现出运输需要的异质性。运输服务的差异性通常体现在需求的差异性和服务质量的差异性。基于不同层次的运输需要及个人购买能力,导致对运输服务质量的偏好也不同,消费者对运输服务质量的偏好与其支付能力(源自收入水平)存在一定的关系,一般来说,收入水平较高的人会更在意运输服务的质量。

1.1.2　基本公共服务

基本公共服务是在一定经济社会条件下全体公民都应普遍享有的公共服务,是诸多公共服务中具有保障性质和平等色彩的服务类型。基本公共服务是一个国家在特定历史阶段,公共服务应该涵盖的最小范围和应该达到的最低水平,它也是公共服务中最基础、最核心,也是最需要优先保证的内容。2021年12月,经国务院批复同意,由21部门联合印发的《"十四五"公共服务规划》明确定义了基本公共服务,即"基本公共服务是保障全体人民生存和发展基本需要,与经济社会发展水平相适应的公共服务,由政府承担保障供给数量和质量的主要责任,引导市场主体和公益性社会机构补充供给"。基本公共服务满足的是全体公民最基本的需求。政府主要以无偿或公益形式提供给全体公民服务,其提供给公众选择服务的机会是均等的。享有基本公共服务属于公民的权利,提供基本公共服务是政府的职责。

基本公共服务具有社会认同性、发展阶段性、最低保障性、政府主导性特征。

(1)社会认同性。它反映绝大多数人的主观共识,由社会主流价值观决定,以国情、文化背景、生活习惯等为基础,服务内容与层次在不同国家和社会具有显著差异。

(2)发展阶段性。服务供给与社会经济发展阶段相适应,不同阶段具有不同标准,随着经济社会的发展,逐步扩大范围和提高标准。

(3)最低保障性。基本公共服务是公共服务中最基础、最核心的部分,与人民群众最关心、最直接、最现实的切身利益密切相关。它在整个公共服务体系中处于基础性地位,不可替代、不能缺失,对于保障人权和改善民生、促进社会公平正义具有重要作用,是纯公益性服务。

(4)政府主导性。提供基本公共服务是政府应承担的基本责任,是政府公共服务职能的“底线”,政府通过购买服务等方式来提供具体服务,在基本公共服务供给多元化的格局下,政府仍然是最后责任人。

由于基本公共服务由政府主导提供,必然受一国公共财政承担能力所限。马克思的公平正义观指出“公平离不开生产力的发展”,强调了政府提供公共服务的水平应当依据国家的经济社会发展阶段和总体水平确定,不能盲目追求大而全。人们的需求具有多样性和无限性,受经济发展水平制约,政府的能力始终是有限的,只能根据公共服务的性质、需求的紧迫性以及财政收入水平来确定政府提供公共服务的优先顺序。公共服务不是越多越好,其标准也不是越高越好。公共服务供给必然受经济发展水平和财政预算约束,针对我国依然处于社会主义初级阶段的基本国情,《国家基本公共服务标准(2021年版)》中提到国家基本公共服务主要包括“幼有所育、学有所教、劳有所得、病有所医、老有所养、住有所居、弱有所扶、优军服务保障、文体服务保障”等方面。

1.1.3 交通运输基本公共服务

(1)交通运输基本公共服务的概念和特征。

交通运输作为保障和改善民生的重要服务性行业之一,通过提供丰富的运输服务满足社会人员流动和物资流通的基本需求。交通运输行业具有公共服务的基本属性,属于公共服务的范畴,在全面建成小康社会的伟大征程中扮演着重要角色。衣食住行是人类生存最基本的需要,基本公共服务范围包括交通运输领域,但并不是说整个交通运输服务的范围和内容都属于基本公共服务范围,交通运输公共服务也分为交通运输基本公共服务和交通运输非基本公共服务。参照《国家基本公共服务标准(2021年版)》中对基本公共服务的定义,交通运输基本公共服务即由政府主导提供,与经济社会发展水平和阶段相适应,旨在保障全体公民基本出行需求的公共服务。交通运输基本公共服务是满足公民对于交通公共资源最低需求的公共服务,其特点是保障出行基本需求、与发展阶段相适应以及由政府主导。

①保障基本出行需求。交通运输作为保障和改善民生的重要服务性行业之一,通过提供丰富的运输服务满足社会的基本需求,基本公共服务在交通运输服务中处于最基本最重要的地位,保障人民出行的基本需求,加大交通公共资源向农村、贫困地区和社会弱势群体的倾斜力度,实现交通基本公共服务覆盖全民,获取交通资源机会人人均等。

②与发展阶段相适应。交通运输基本公共服务水平应该是随着经济社会发展不断提高的,必须要认清阶段性,以人为本,保障基本。从最广大人民群众的根本利益出发,立足我国社会主义初级阶段的基本国情,坚持尽力而为、量力而行,优先保障交通运输基本公共服务的提供,并随着经济社会发展逐步扩大范围和提高标准。

③由政府主导。享有基本公共服务属于公民的权利,提供交通运输基本公共服务是政府的职责,交通运输与人民群众生活息息相关,是保障人民群众“衣食住行”的重要民生工程,具有很强的公益性,提供交通运输基本公共服务是政府和交通运输主管部门

应有的职责。交通运输基本公共服务所具有的基础性、公益性等特点决定了其必须由政府主导来提供。政府通过政府采购等方式,委托政府之外的公共部门、社会团体和企事业单位等其他部门来具体提供交通运输基本公共服务,在公共服务供给多元化的格局下,政府仍然是最后责任人。推进交通运输基本公共服务均等化,确保稳定可靠的资金保障是根本,交通运输机构职能转变是关键。

(2)交通运输基本公共服务的范围和内容。

尽管交通运输基本公共服务未纳入"十四五"国家公共服务规划,但在现代社会,机动化的交通运输服务已经成为构成经济社会正常运行的基本条件,也是全体社会成员的共同需求。政府管理部门向广大民众提供基础性交通运输服务是对人民最基本的生存权与发展权的保障,在经济社会发展到一定阶段,将基础性的交通运输服务纳入基本公共服务范畴也是时代发展的要求和社会进步的成果。

根据交通运输基本公共服务的内涵特征,从广泛性、基础性、可行性和迫切性四个标准来界定我国现阶段交通运输基本公共服务的内容为:从交通基础设施来看,基础设施是公众出行的基本条件,原则上,保障基本需求的,都应属于基本公共服务的范畴,例如,公路国省干线及农村公路基础设施体系、交通运输客运场站、航道网络等;从运输服务来看,一些基本的、服务于大众生产生活的、为广大群众提供了便利、低价的运输服务,都属于基本公共服务范畴,如城市公交、城市配送、城乡班线、农村物流、内河乡镇渡运、陆岛交通、铁路普通旅客运输和邮政普遍服务等。交通运输基本公共服务还应包括公众出行信息服务、抗灾和应急保障以及救助打捞等运输服务。

1.1.4 综合运输服务的提出

2008年交通运输"大部制"改革后,交通运输部党组对加快推进综合运输体系建设高度重视,把"综合交通"列为"四个交通"之首,强调"综合"是核心、是统领。同时,从交通运输业的本质属性出发,交通运输部党组高度重视交通运输便民、利民、惠民服务,2013年印发了《关于改进提升交通运输服务的若干指导意见》(交运发〔2013〕514号),提出以加快转变发展方式为主线,以提高人民群众满意度为核心,以解决与人民群众关系最密切、要求最迫切的服务问题为着力点,努力构建安全可靠、便捷畅通、经济高效和绿色低碳的交通运输服务体系。

交通运输本质上属于服务性行业,其宗旨在于为经济社会发展提供强有力的基础支撑。强调"综合运输服务",是基于新的历史阶段下,在推进综合运输体系建设进程中,始终把"以人为本、需求导向、服务至上、公众满意"作为基本准则,使经济发展和社会公众切实享受到综合运输体系的建设成果。换言之,"综合运输服务"旨在实现各种运输方式、各种交通要素的集约化组织和一体化运作,最大化发挥整体优势与组合效益,本质上是综合运输体系建设向社会和公众提供的最终产品,其绩效体现在不断提升"人便于行、货畅其流"的公众感知度和社会满意度。

1.2 综合运输服务的内涵及总体要求

1.2.1 综合运输服务的内涵

综合运输服务源于运输服务,是运输服务经过长期独立发展进入新时代后,高效、集约、品质、安全、绿色的综合体现。综合运输服务实际上是新时期运输服务在运输方式、服务质量、发展方式、增长动力方面转化升级的结果。综合运输服务的内涵需要从以下五个方面来认识。

(1)"综合"是出发点。

综合运输服务是基于各种运输方式各自专业化发展基础,向社会提供有机整合的一套系统、一个窗口、一个体系的服务。综合运输服务不是替代各种运输方式自身应有的服务,而是强调"衔接协调、系统集成",让社会公众真正感知和认可"整体优势、组合效率"。因此,综合运输服务工作体现的是"1 + 1 > 2"的服务价值,凸显资源整合、集约利用的倍增效益。

(2)"运输"是着力点。

交通基础设施建设的巨大成就,最终要靠运输服务来体现其根本价值。整合交通资源,强化运输组织,不断提升运输效率和服务水平,是交通运输行业对经济社会发展的重要责任。当前,我国交通运输已经从单一方式独立发展转向综合运输协调发展的新阶段,提升运输效率的关键是把传统分方式、分专业、分环节的运输组织模式,通过一体化整合,打造为全程高效紧密衔接的"运输链"。

(3)"服务"是落脚点。

交通运输本身就是服务性行业,向社会提供便捷、高效、安全、经济的客货运输服务是根本目的。同时,运输行业又是一个市场化程度很高的行业。政府职能转变的核心在于为市场主体提供良好的制度与政策环境,激发市场主体活力和企业创造力。行业转型升级的动力在于改变传统的以基础设施供给为主导的运输发展模式,转而强调"以社会需求为导向、以服务满足为标准"的全新模式。

(4)"综合运输"强调的是先进的供给模式。

综合运输是国家交通运输竞争力与发展水平的体现,深入推进交通运输供给侧结构性改革,本质上是推进各种运输资源的均衡配置、生产要素的高效流动、运输装备的标准统一、运输组织的一体化衔接、运输全程的最大收益与最小损耗、运输方式的协同治理,提供联程联运等高级别运输方式,从而实现各种运输方式各尽其能、无缝衔接、最优配置,最终形成富有吸引力、具备国际竞争力的综合运输供给。

(5)"运输服务"强调的是满意的服务产品。

坚持以人为本、市场导向是运输服务这一产品的内在要求,必须以便民、为民、惠民为目标，着力在服务国家战略、服务覆盖范围、服务通达深度、服务时效品质、服务可持续性、服务的外部性上下功夫。运输服务要充分发挥市场在资源配置中的决定性作用，各种服务产品需要在竞争中找准定位，在创新中谋求发展，实现提升各种运输方式自身能力与提升综合能力并举，不断创造符合人民群众期待、满足美好生活需求的服务产品。

1.2.2　综合运输服务的总体要求

按照"整合资源、优化结构、提升服务"的思路，稳步推进各种运输方式资源的综合利用，加快促进全程"运输链"整体效率的提升，不断满足经济社会对运输服务的需求。为此，关键是要强化"三个视角"，把握"三个原则"，处理好"四个关系"。

(1)强化"三个视角"。

①以社会需求为导向，强化需求管理，及时反映需求、主动引导需求。

②以运输链一体化组织为主线，强化综合效益，有必要把旅客联程运输和货物多式联运作为主导战略。

③以衔接协调为抓手，强化整体协同，要突出技术标准和服务规范的统筹。

(2)把握"三个原则"。

①"积极作为"与"协调平衡"相结合，既要努力在综合集成上取得创新突破，又不能替代各种运输方式自身的服务提升。

②"突出重点"和"统筹全面"相结合，既要立足当前梳理重点和热点问题，尽快有所动作，又要谋划长远做好顶层设计，逐步推进和渐次突破。

③"综合协调"和"部门联动"相结合，既要强化牵头协调意识和工作组织，又要充分发挥各种运输方式行业主管部门的积极性，促进协同共赢。

(3)处理好"四个关系"。

①综合运输服务与单一运输服务的关系。综合运输服务着眼于解决资源整合、集约增效问题。

②基础设施建设与运输服务能力提升的关系。综合运输服务一方面反映整体运输需求，另一方面解决运输一体化组织问题。

③政府和市场的关系。综合运输服务工作立足政府职能的正确定位，着眼于营造运输市场一体化发展的良好环境。

④交通运输部与地方交通运输部门的关系。交通运输部层面的综合运输服务侧重于解决运输一体化的法律法规、标准规范、引导政策、平台组织等问题，地方交通运输部门侧重于具体组织实施和运输服务提供。

第2章 提升综合运输服务能力的关键要素分析

2.1 对综合运输服务能力的认识

2.1.1 运输服务能力的内涵

运输服务能力是指为满足人民群众多样化、个性化、优质化的生产生活运输及运输关联环节需求所能提供的供给相关服务的能力，包括公铁水航基础设施网络布局、客货运枢纽、车辆船舶飞机运输装备、GPS/WMS/TMS 信息系统、运输活动生成的人员、装备使用、监管缴费等各类数据信息、各类生产要素的通过与吞吐能力、装载与运行能力、协调衔接能力、调度指挥能力、数据分析与应用能力以及监测管理能力等。运输服务能力是组织开展运输活动的基础，极大程度上决定了服务效率与品质。

运输服务依赖于提供相关服务的主体，包括各类运输企业、运输站场、运输中介机构、运输信息媒介等。运输服务可依据其服务内容不同分为客货运输服务和运输辅助性服务两大类。运输服务能力应满足社会经济和人民群众对运输服务的需求，随着运输需求规模、类型、质量的日益增长变化，对运输服务能力的要求也在不断提高。

2.1.2 综合运输服务能力的内涵

综合运输服务能力指为满足新时期社会发展和国民经济建设需要，将铁路运输、公路运输、水路运输、民航运输、管道运输五种现代运输方式作为一个有机整体进行系统研究、系统规划和系统建设，所形成的能够发挥各种运输方式比较优势和组合效率的综合运输体系所提供运输服务的能力。综合运输服务能力发展应以市场经济为导向，以高新技术为基础，在充分发挥各种运输方式比较优势的前提下，以建设人民满意的综合运输服务体系以及为客货运输用户提供安全、快捷、方便、舒适、经济、优质的综合运输服务为目标。

综合运输服务能力强调其提供跨多种运输方式服务的能力，强调所提供服务的一体化、创新性、国际化水平。加强综合运输服务能力建设应从人民对综合交通运输的需求和支撑现代化经济建设出发，以基础设施完善为着力点，以运输服务创新为重要手段。提升运输服务能力"综合性"的实质在于优化各种生产要素的跨区域、跨行业、跨企业配置，其生产要素包括各类交通运输基础设施、交通运输工具、交通运输设备设施、相关人员、技术和信息等。

2.1.3　综合运输服务能力的具体体现

(1)先进理念。

①规划、建设、运营、管理一张图干到底。牢固树立和贯彻落实新发展理念，以提高发展质量和效益为中心，深化供给侧结构性改革，坚持交通运输服务于人民，着力完善基础设施网络、加强运输服务一体衔接、提高运营管理智能水平、推进绿色安全发展模式，加快完善现代综合交通运输体系。通过正视和剖析交通工作在规划、建设、运营、管理中存在的各类问题，充分认识交通事业在发展中的不平衡、不协调，了解人民群众对交通工作的高度期待，强化自身发展，提高服务能力与水平。

②充分考虑各方诉求，充分征询各方意见。加强与社会公众的信息互动，以不断满足人民群众更多样、更便捷、更高效、更舒适、更安全的出行需求为导向，以便民、利民、惠民为根本出发点和落脚点；强化与媒体、企业、中介组织的沟通交流，推进综合运输服务领域商事制度改革，全面深化涉企收费制度改革，促进投资创业便利化。

③建立公平公正、适度竞争的市场，法规标准进一步明确。加强运输服务过程监管，强化运输安全生产领域的责任保险制度实施，加强信用考核评价监督管理，完善运输企业、从业人员信用信息收集和整理制度，制定守信激励和失信惩戒制度，进而强化运输市场监管，维护良好市场秩序。同时，健全法规制度标准，夯实依法治理基础，完善综合运输服务法律、行政法规体系。

(2)范围拓展。

覆盖范围不断提升，服务国内国际两个市场。国内市场，拓展广覆盖的基础服务网，以普通省道、农村公路、支线铁路、支线航道等为主体，通用航空为补充，构建覆盖范围大、通达程度深、惠及面广的综合交通基础服务网络。同时，强化区域发展总体战略交通支撑，构建京津冀协同发展的一体化网络，建设长江经济带高质量综合立体交通走廊，构建区域协调发展交通新格局。国际市场，着力打造丝绸之路经济带国际运输走廊，加快推进21世纪海上丝绸之路国际通道建设，加强"一带一路"通道与港澳台地区的交通衔接。

(3)效率改善。

①通达性。加快提升综合运输服务能力，延伸运输服务网络的通达深度和覆盖范围。将实现运输基本公共服务均等化作为重中之重，建立一体化的城乡客运服务网络，推进城际、城市、城乡、农村班线客运四级网络的有序对接，延伸农村客运通达深度和覆盖面。

②衔接性。加快运输方式衔接协调、竞合融合,提高客运“零距离换乘”和货运“无缝化衔接”水平;优化通道内运输组织网络,按照市场细分原则优化通道内不同运输方式线网结构,促进通道内不同运输方式间的有效衔接与高效融合;有序推进各种运输方式节点体系建设,促进区域间、干支间、城乡间运输网络无缝衔接;创新通道运输组织模式,依托综合运输通道,发展旅客联程运输、货物多式联运、客运“节点运输 + 接驳运输”、甩挂运输等集约高效运输组织模式,实现人畅其行、货畅其流。

(4)质量提升。

运营管理智能化水平提高,货损货差降低;从业人员教育培训加强,一线劳动者技能水平和综合职业素养提高;集装化和单元化装载技术得到推广应用;无人机自动物流配送等得到有序发展。

(5)科技创新。

充分发挥重点科研平台、产学研联合创新平台作用,攻克基础性、战略性、前沿性技术难题;企业以满足市场需求为导向开展技术、服务、组织和模式等各类创新,提高科技含量和技术水平。全面适应“互联网 +”新趋势,发挥科技进步对提升综合运输服务的引领作用,广泛应用移动互联网、大数据、云计算、物联网等新一代信息技术,综合运输服务领域标准规范的统筹创新加强,以企业为主体的协同创新体系逐步健全,以科技创新驱动转型发展和提质增效升级。

(6)产品多样。

汽车租赁业健康发展,满足社会公众多样化出行需求,提升出行品质新需求;共享单车发展迅速,鼓励居民绿色出行,助解出行“最后一公里”问题;开发交通运输运行分析服务产品,加强政企合作,实现全程、实时、多样化的信息查询、发布与反馈;汽车厂商前装北斗用户端产品,推动北斗模块成为车载导航设备和智能手机的标准配置,拓宽其在列车运行控制、车辆监管、船舶监管等方面的应用;交通大数据企业快速发展,提升处理和分析能力,创新数据产品,更好地支撑企业运营管理和政府决策。

(7)手续简洁。

公众监督服务“一号通”,完善 12328 交通运输服务监督电话系统服务功能;智慧运输服务“一点通”,推进智慧客运服务,完善各种运输方式智能信息系统,支持提供基于移动终端的铁路、民航、公交运行动态信息及城市路况查询等服务;公众出行支付“一卡通”,建立交通一卡通清分结算、服务价格、风险管控、绩效评价等制度规则;公共信息服务“一网通”,推动运输服务领域政府数据向社会开放,加强政府信息系统和公共数据互联共享;政务管理服务“一站通”,整合综合运输服务政务资源,建立基于一个门户网站的“一站式”网上政务大厅和行政审批运行模式,集中受理、办理行政许可和其他公共事务。

(8)环境友好。

促进交通各运输方式绿色发展。将生态保护红线意识贯穿到交通发展各环节,推动节能低碳发展，强化生态保护和污染防治，推动资源集约节约利用，提升绿色、低碳、集约发展水平，建立绿色发展长效机制。城市公共交通、出租车和城市配送领域新能源汽车快速发展，资源节约集约利用和节能减排成效显著，交通运输主要污染物排放强度持续下降。绿色运输体系更加健全，资源集约利用成效显著，清洁能源和新能源汽车以及各项节能新技术、新设备、新产品得到更大范围的推广。

(9)安全保障。

加强运输安全保障能力建设。加强安全生产管理体系建设，强化安全生产主体责任，强化安全运行监管能力，强化安全生产基础支撑，强化应急保障能力建设，推进应急体系建设。不断强化运输安全生产的红线意识和底线思维，进一步健全制度体系、增强管控手段，努力向社会提供安全可靠的运输服务。着力构建和谐劳动关系，尊重和保护从业人员的合法权益，推动行业稳定发展。

2.2 提升综合运输服务能力的影响因素

2.2.1 基础设施建设

交通运输基础设施是我国正常运转、国民生活以及国民经济中必须予以关注的因素。基础设施建设是综合运输发展的重要推动因素，是交通强国建设的重要基础。要统筹推进铁路、公路、水路、航空、邮政、物流等基础设施网络建设，改进交通网的等级结构，全面建成布局完善、互联互通、绿色智能、耐久可靠的综合交通基础设施网络体系。

综合运输枢纽是实现客运“零距离换乘”、货运“无缝化衔接”目标、完善综合运输枢纽设施功能、规范服务行为、提升服务品质的重要设施。提高综合运输枢纽服务能力，形成标准统一、功能融合、运营规范、服务高效的综合运输枢纽体系。

2.2.2 交通运输组织

运输组织是综合运输服务能力的重要因素。加强城市公共交通、城际运输、城乡交通以及联程运输等方式和多式联运、城市配送、甩挂运输、无车承运人、中小企业联盟等新的运输组织模式的应用，可以提高运输效率，加快运输速度，提升综合运输服务能力。

2.2.3 运输装备

运输装备是发展多式联运、推进货运车型标准化、推进专业装备技术升级、发展节能环保运输装备等的基础。

2.2.4 市场主体

市场主体指运输劳务进入市场发生市场交换关系的当事人，在运输的整个过程中要经历三个阶段:运输供给主体、运输中间商和运输需求主体。而在整个过程中缺少全程运输经营人和组织者,使运输服务的能力层次不齐。市场主体的培育和全程监督是提高综合运输服务能力的重要因素。

2.2.5 科技进步

科技进步促进综合运输服务能力提升。联网售票、信息服务与发布、站场内信息引导、政务系统对接、跨主体信息共享等技术的发展,使信息可以通过网络进行快速传播,进而提高运输服务行业信息流通速度。传统运输服务行业中,信息流通速度是一个较大问题,通过科技创新,有效提高了运输服务行业的服务能力。

2.2.6 创新能力

通过技术创新及应用实现新突破,开展关键技术基础研究、联合攻关和示范应用,建立有利于技术创新和科技成果转化的工作机制,是打造综合运输服务升级版的重要驱动力。

2.2.7 行业治理能力

完善治理体系,增进社会公众的满意度和获得感,为人民群众安全便捷出行提供运输支撑和服务保障,需要全面深化综合运输服务领域各项改革,加快转变政府职能,完善现代治理体系,充分发挥市场在资源配置中的决定性作用,更好地发挥政府增加公共产品和公共服务供给的功能。

第3章 综合运输服务能力评价概述

3.1 对单一运输服务指标体系的研究

对单一运输服务指标体系的研究主要从铁路、道路(包括城际运输和同城公交运输)、邮轮、物流等角度展开。

3.1.1 关于铁路运输服务的指标体系构建

石道华、丁勇、毛保华和冯芬玲、陈治亚分别从不同的角度对铁路货物运输服务质量进行了分析和评价,主要采用了负荷均衡分析法和 SERVQUAL 法等评价方法。张堃从人、设施、环境三个方面评价了铁路旅客运输的服务质量,提出了旅客人身安全、列车安全正点率、旅客满意率等指标,但未形成系统的指标体系。陈滋顶、杨浩、张红亮从基本条件、运营、发展三个层面,选取了基础设施、运输计划、经济效益等9项二级指标,继而选取线、桥、隧、接触网、机车车辆及动车组配备、专业管理人员、联合运输比重等27项指标,构建了铁路运输服务质量指标体系。

3.1.2 关于道路运输服务的指标体系构建

任乐应用系统论及系统工程的方法建立了包括社会评价、技术评价、经济评价、环境评价和综合评价五个子体系在内的道路运输服务评价指标体系,该评价指标体系共包括53项具体指标,采用专家打分法、专家调查法、层次分析法、模糊综合评价法和多目标综合评价法等方法,对各指标值进行了量化。张凤丹从客运站服务系统(进站)、客车途中服务、客运站服务系统(出站)和其他四个维度,选取了包含售票服务质量、候车服务质量、行包运送质量、安全性、准时性、舒适性、经济性、文明性、出站服务质量、疏导服务质量等多个层面的指标,构建了道路旅客运输服务质量指标体系,并运用层次分析法、旅客调查评价法和加权平均计算法等计算指标的权重系数,最终得到道路客运服务质量评价体系中各级指标的量化值。崔淑华、王思卓基于道路运输业服务水平的定义,从运输能力、服务水平、运营管理三个方面，从包括运输规模、准确性、物流管理、信息管理等12个维度，选取43项指标构建了道路运输业服务水平评价指标体系，可以较为准确地对一个地区的道路运输业服务水平给予评价和分析。惠琳娜从道路运输基础设施设备、道路运输生产力发展水平及组织方式、运输市场环境、政府宏观调控能力与手段四个方面选取了63项指标，构造了17个子系统评价指数，并结合子系统评价指数，构建了道路运输服务质量评价指标体系，然后，采用多指标综合评价方法对各指标及指数进行了量化分析。张博、赵子雪从公路交通基础设施服务、公路客运服务、公路货运服务、公路交通信息服务以及农村公路交通服务等五个领域，构建了山东省公路交通运输服务评价指标体系。李泽颖、谢秋峰将居民出行分为四个阶段，并对各个阶段的指标进行分析整合，筛选出代表性指标，构建基于乘客主观感受的公共交通服务指数的指标体系，然后测度了镇江市常规公共交通服务指数。殷巧琳综合考虑企业设备、运输调度、运输能力和经济能力四个方面，建立了一套城市公交企业运输服务评价指标体系，该指标体系包括12项指标，各指标所体现的服务水平根据不同的评判标准被分为四个等级。然后，采用层次分析法和模糊综合评价法相结合的评价方法，对大连市某公交企业的综合运输服务水平进行了评价。刘乐应用系统分析理论，以城际旅客综合运输服务水平为研究对象，从城际旅客出行决策过程出发，将城际旅客出行所需服务分为信息服务、票务服务、出行服务和全程感知四个方面，选取能反映运输需求满足程度的24项指标，建立指标体系，并根据实际情况计算量化指标。

3.1.3 关于物流服务的指标体系构建

薛鹏从内部顾客和外部顾客两个角度，选取运输、储存保管、包装、物流信息、顾客感知等多个方面的指标，构建了物流服务水平的评价指标体系，并采用层次分析法等进行实证研究。廖伟从城市物流运作水平、城市物流经济相关性、城市物流社会影响三个方面选取19项指标，建立了针对城市物流服务水平的评价指标体系，并采用专家评分法确定权重系数，建立模糊评价模型。李武选、樊根耀、王丽萍采用灰色关联系数法对所调查的客户对本地网购物流运输环节的相关服务质量进行总体评价和具体分析。

3.1.4 关于其他服务的指标体系构建

陈玲玲从旅游服务、口岸通关服务、交通服务、码头服务四个维度，选取了16项指标，构建了邮轮运输服务水平评价指标体系，并以厦门港为例进行了量化分析。

3.2 对综合运输服务指标体系的研究

对单一运输服务指标体系的研究着重从专业化的视角，客观评价某一种运输方式的服务水平和能力，但很难反映整个综合交通运输体系的全貌。少数研究试图以综合交通运输服务为研究对象，构建指标体系对其进行评价。王建伟、薛盘芬参照美国运输服务指数（Transportation Service Index，TSI）的编制方法，结合中国交通运输统计现状，设计出中国实际的运输服务指数，其运输服务综合指数的测度主要基于8项指标值，即道路客运周转量、道路货运周转量、铁路客运周转量、铁路货运周转量、水路客运周转量、水路货运周转量、航空客运周转量、航空货运周转量，指标信息的涵盖量较少。樊桦从经济、社会和资源环境三个维度，对我国综合运输服务的发展现状进行了评价。在评价过程中，虽采用了物流总费用在GDP中的占比、运输服务的国际竞争力、运输领域的市场结构、运输业能源利用效率等指标进行分析，但并未形成系统的指标体系，也没有进行具体的量化分析。向爱兵基于综合运输视角，系统构建了全面建成小康社会战略目标下中国交通运输发展的目标指标体系，指出中国交通运输发展目标包括交通基础设施发展目标和运输服务发展目标两个方面，运输服务发展目标又从产业发展、市场运行、服务水平三个角度衡量，并从这三个角度选取65项指标构建了运输服务发展目标的指标体系，并给出了2020年各指标发展的目标值。陶绪林、鲁涛、周晶提出了一套完整的构建交通运输服务指数的方法，以江苏省为例计算了客运服务指数和货运服务指数，并结合江苏省近年来的经济发展状况，尤其是江苏省GDP指数的变化情况，对上述两种指数进行了分析。赵光辉认为交通服务的核心指标包括普惠均等、便捷高效、智能智慧、安全可靠和绿色低碳五个方面，然后，从这五个方面共选取41项指标，构建了中国综合运输服务质量指标体系。

3.3　评价综合运输服务能力的意义

（1）科学反映交通运输行业服务国民经济发展能力的客观需要。

交通运输是实现社会化生产、交换、分配等各个环节紧密联系的关键纽带，是推动区域经济协调联动发展的基础支撑，在国民经济发展中发挥着重要作用。但基础支撑能力是否充分、先导作用是否发挥等涉及行业支撑国民经济发展能力的关键问题，往往缺乏及时科学的数据支撑。开展综合运输服务能力监测评价可较为全面地反映宏观经济的发展走向以及行业对经济增长、相关产业竞争力等方面的引导推动能力，对于科学反映交通运输行业服务国民经济发展能力具有重要作用。

（2）准确把握交通运输行业运行状态、推动行业治理能力现代化的有力支撑。

及时准确把握行业运行状态、全面科学评价行业服务能力和水平是推进行业科学发展的重要基础和前提。目前，交通运输行业能力评估工作刚刚起步，对行业发展的结构、质量、效率、效益等关键指标缺乏全面准确评估，对交通运输体系的综合性、系统性的评价更加滞后。开展综合运输服务能力监测与评价，有助于构建更为科学、快速、全面的评价模式和体系，准确全面把握行业运行状态，深入剖析行业发展存在的问题、准确分析经济社会需求，对推动行业以问题和需求为导向、科学制定决策，加快实现行业治理现代化等具有重要作用。

(3)直观体现交通运输行业服务社会、服务公众能力与水平的重要标尺。

服务是交通运输的本质属性,服务社会、服务公众始终是交通运输各项工作的出发点和落脚点。长期以来,交通运输行业在服务社会、服务公众方面付出了不懈的努力、取得了突出的成绩,但客观来看,仍存在行业与社会、公众信息沟通不及时、不畅通的突出问题。一方面是行业自说自话、社会与公众难理解或不买账,行业许多工作难以被充分认可;另一方面则是公众诉求反馈渠道不足、行业听不到或不全面,社会需求难以被行业及时掌握。因此,加快构建涵盖全面、认知度高的综合运输服务指标体系,是建立直观的、双方共同认可的评价体系的核心,对于直观反映行业服务社会、服务公众能力,及时把握社会公众需求,不断提升行业的社会感知度、公众满意度等具有重要作用。

(4)切实履行综合运输服务职责、全面反映综合交通运输体系融合水平的重要手段。

当前,交通运输大部门体制改革不断深化,着力构建现代综合交通运输体系是行业转型发展的重要战略任务。综合运输服务能力和水平是衡量综合交通运输体系完善程度的主要体现,综合运输服务监测与评价则是反映综合运输服务质量的重要手段。通过构建反映系统效率的综合性指标,依托大数据等新技术手段,加强各运输方式能力指标的综合运用,不断完善综合运输服务监测评价体系,有利于进一步拓展各运输方式协同协作的广度与深度,更准确、及时地把握综合运输体系的整体效率与水平,为推进各运输方式各就其位、各得其所、优势互补、融合发展奠定更为坚实的基础。

中国综合运输服务的发展与创新

综合运输服务是国家经济社会发展的重要载体，是国家综合实力的重要体现。我国综合运输服务历经四个阶段的演进，取得了显著的发展成效，综合运输服务能力和水平得到大幅提升。近年来，党中央、国务院高度重视综合运输服务发展，《国家综合立体交通网规划纲要》明确“推进交通基础设施网与运输服务网、信息网、能源网融合发展”等一批重点任务，为综合运输服务发展指明了方向。当前和今后一个时期，我国发展仍处于重要战略机遇期，但机遇和挑战都有新的变化，我国已转向高质量发展阶段，但发展不平衡、不充分问题依然突出，对综合运输服务发展质量和效益都提出了更高要求。为科学反映我国综合运输服务发展水平，准确把握我国综合运输服务能力提升态势，应该对我国综合运输服务能力进行跟踪监测，及时发现和解决问题，助力我国综合交通运输高质量发展。

第 4 章
中国综合运输服务发展历程

4.1 综合运输服务的功能定位

综合运输服务的功能是指综合运输服务发挥的有利作用。综合运输服务是经济社会发展的重要载体，是保障和改善民生的重要方面，是国家综合实力的重要体现，在推进我国交通运输转型发展中具有十分重要的地位和作用。

4.1.1 经济社会发展的重要载体

综合运输服务是现代综合交通运输体系的重要组成部分，是综合交通运输体系建设的出发点和落脚点，是交通运输基础性、战略性、先导性作用的直接体现，在经济社会发展中扮演着“生命线”的重要角色。综合运输服务一头连着生产、一头连着消费，优化综合运输服务结构，降低综合运输服务成本，加快打通生产、流通、分配、消费的堵点，有助于扩大循环规模；创新运输组织模式，推动综合运输服务与产业有机结合，有助于增强循环动能；培育更具竞争力的综合运输服务市场主体，提升专业运输服务能力，有助于提高循环效率；建设面向全球的综合运输服务网络，打造国际物流供应链，提升综合运输服务体验，有助于保障循环安畅。完善综合运输服务，是新阶段构建国内国际双循环新发展格局的重要载体。

4.1.2 保障和改善民生的重要方面

当前，我国交通运输工作必须牢牢把握高质量发展这个根本要求，全过程、多方面都要实现高质量发展。人民群众感受到的交通运输质量，最直接的就是综合运输服务的质量。综合运输服务直接面向人民群众，直接反映人民群众对交通运输发展改革成果的满意度。建设人民满意的交通，就是要实现好、维护好、发展好人民的根本利益，推动综合运输服务从“有没有”向“好不好”转变，针对客货日益增长的高品质运输服务需求，提供优质的“出行即服务”，使得旅客在购（退）票、到达（离开）客运场站、候车中转换乘、乘车等环节均能享受便捷服务；提供便捷的"一单到底"服务，使得货物在委托、受理、发运、中转、跟踪、接收、结算等环节均能简单便捷地办理、准时可靠地交付，切实改善客货运输服务体验。

4.1.3 国家综合实力的重要体现

综合运输服务是国家基础设施"硬实力"和运营服务"软实力"的综合体现，彰显了经济社会、生态文明、安全稳定协调发展的成果，传递了国家发展不同阶段的需求变化，是经济社会发展的"晴雨表"。从"硬实力"来看，综合运输服务是铁路运输、公路运输、水路运输、航空运输、城市交通等各种运输方式资源整合、设施衔接、服务融合的最终体现，充分发挥了各种运输方式的比较优势和组合效率；从"软实力"来看，综合运输服务是把绿色发展理念贯穿始终的重要依托，通过资源节约集约利用，发展先进运输组织模式，推广高效清洁运输装备，形成绿色低碳的运输方式，坚定不移地走绿色低碳高质量发展之路。同时，综合运输服务是牢固树立"安全第一、生命至上"理念的基础载体，推进以安全稳定为底线的规范化发展，构建人、车、物高效协同的安全管控体系，提高运输本质安全和系统安全能力，增强应急保障能力，及时化解矛盾风险，切实维护行业稳定，是综合运输服务发展的重中之重。

4.1.4 推进交通运输转型发展的重要引擎

综合运输服务是交通运输工作中与市场接触最直接、最密切、最广泛的领域，也是最具功能性、创新性和包容性的门类。当前，我国社会主要矛盾已经转变为满足人民群众日益增长的美好生活需要与不充分不平衡发展的矛盾，综合运输服务正是交通运输工作解决不充分不平衡发展问题的内在动力，必须坚持以供给侧结构性改革为主线，以深化改革创新为动力，依托互联网、大数据、云计算、人工智能等新一代技术革命，推动综合运输服务与上下游产业及业态深度融合，推动运输服务体系和模式更加开放，促进国内外要素有序流动、高效配置、不断创新，推动交通运输转型发展，在综合运输服务发展模式、技术规范制定、装备技术标准等方面成为引领世界交通的样本，更深层次、更广范围地影响世界交通运输发展。

4.2 综合运输服务的发展历程

从历史角度看，伴随着我国经济社会的发展与变迁，综合运输服务功能和边界也在不断地进行演进与完善，始终处于发展变化的过程中。概括归纳，中国综合运输服务发展历程大致被分为四个阶段。

4.2.1 中华人民共和国成立以来

中华人民共和国成立初期，铁路运输、公路运输、水路运输、航空运输面貌十分落后，全国铁路总里程仅2.18万公里，且有一半处于瘫痪状态；能通车的公路仅8.08万公里，民用汽车5.1万辆；内河航道处于自然状态；民航航线只有12条；邮政服务网点较少；主要运输工具还是畜力车和木帆船等，运输服务处于艰难创业阶段。随后经过3年的国民经济恢复期，国家恢复了水陆空运输，开始向交通运输投资倾斜，改造和新建了一批铁路、公路、港口码头、民用机场，疏浚了主要航道，新开辟了国际、国内水路和空中航线，扩大了邮政网络，增加了运输装备数量，组建了国营汽车运输总公司和直营国营航运企业，组织民间运输和规范私营航运，探索运输企业管理的有效模式和公水联运业务，初步建立了管理规章制度，打开了交通运输的工作局面。

进入社会主义改造时期，交通部完成了对私营公路运输业和航运业的社会主义改造，建立起高度集中的交通运输计划经济体制，明确中央和地方对交通分工管理权限，稳步推进交通运输生产。在公路运输方面，成立公路总局，其主要行政管理职责为制定公路运输方针、汽车运输管理、运输车辆管理和运输安全管理，包括建立运输计划管理制度；推动全国汽车运输企业实行双班运输、拖挂运输和总成互换修理法三大改革；统一全国运价；规范运输生产经营活动。在水路运输方面，组成海河运输局，海上与长江航运事业由交通部统一经营管理，主要行政管理职责为海上运输管理、内河航运管理、通信管理以及推进水路和水陆联合运输，包括在全国推广一列式拖驳运输法；进一步推动水陆联合运输等重点工作。

进入“大跃进”和国民经济调整时期，民用航空短暂归口交通部管理，运输服务职责进一步调整，在公路运输方面，主要行政职责转变为：成立各级指挥部，组织短途运输；组织“一条龙”运输大协作；推动汽车货运支农转轨；颁布成本核算规则，整顿运价；加强公路运输及运输企业的规范化管理；整顿民间运输业；筹建直属运输企业；强化交通监理与安全生产管理等。在水路运输方面，为了适应经济发展需要，管理职责转变为：迅速提高运输能力；推动路、港、航大协作，加速物资周转；设立长航公司；建立商务监督制度；制定远洋规划；成立远洋运输管理机构等，开辟远洋航线；加强外轮管理等。在民航运输方面，主要是短暂承担了民航运价和安全管理的工作。

“文化大革命”时期，交通部经历了与铁道部、邮电部合并再分开等多次变动。其间，交通部组织“专线、成组、一条龙”运输，试行了“一次托运、一次收费、一票到底、全程负责”的“三一”运输，积极建设远洋运输船队与水运管理制度，出台了《城市和公路交通运输管理试行规则》等，但仍未扭转交通不畅、运力紧张的局面。

这一阶段，我国运输服务功能单一，运输服务以国营企业为主、民间运输为辅，由于线路、技术、装备较为落后，人员流动少，对货运服务保障的关注度更高，初步建立相应管理规章制度，支持组建了运输企业，在运输模式和技术经验上有所提升，但“瓶颈制约”问题没有完全解决，经常无法满足工业、农业生产发展的需要，尤其是社会主义改造完成后，经济出现复苏，常常出现顾此失彼的现象。运输服务管理职责主要集中在制定公路运输、水路运输政策方针，运输价格管理，运输车辆管理，规范生产经营活动，运输安全管理以及运输工业等方面。

4.2.2 改革开放以来

改革开放以来，交通基础设施建设步入快速发展阶段，交通部提出“有河大家走船，有路大家走车”的改革方针，“各部门、各行业、各地区一起干，国营、集体、个人以及各种运输工具一起上”，突破所有制的束缚，允许个体户进入运输市场。为适应社会车辆进入市场的运输管理需要，初步建立了围绕传统营运性车辆及辅助业务的管理制度；铁路实行经济承包责任制；港口率先对外开放，海运业最早实现“走出去”；民航走上了企业化发展道路，航空运输市场开始形成；实施邮政管理体制改革，成立中国速递服务公司，恢复办理邮政储蓄业务。一系列政策的出台，极大地促进了运力发展，有效地缓解了交通运输紧张状况。

改革开放前夕，交通部对机关职能部门进行了数次调整。在公路运输方面：开展全面质量管理，调整和改革公路运输管理体制；加强客运管理；开拓内陆集装箱运输；整顿公路运输市场；强化汽车运输技术管理，建立汽车检测站。在水路运输方面：成立了水运局分管调度、商务（运价、货运、客运）、船技、地方航运等业务，直属海运和长航运输业务也归口水运局，主要职责为开展沿海港口疏运工作；开展国际班轮航线和国际集装箱运输；发展水路客运等。

改革开放过程中，交通运输管理体制不断变革，以适应快速发展和开放的市场需求，1985 年，全国交通工作会议提出从宏观经济方面加强对交通运输的管理和指导、实施交通运输的行政管理、为各种运输力量做好服务工作的管理职责定位。1988 年，交通部机构改革后，设立了运输管理司，统一负责水路、公路运输管理工作。在公路运输方面：主要职责细化为道路运输管理；调整运输结构；运价及规费管理；汽车运输企业联合经营；零担、危险货物运输管理；公路货运服务；公路客运管理等。在水路运输方面：集中在法规执行；远洋运输管理；水路运输运价管理；运输服务规则制定等。特别是进入 20 世纪 90 年代以后，道路运输市场、运输车辆维修市场、搬运装卸市场和运输服务市场组成的道路运输市场体系健康发展，行业管理开始走上法制化、规范化的轨道，管理职责加快向整顿市场秩序、制定培育政策、发布运价规则、启动绿色运输通道、推动零担货运发展、发展高速公路快运、加强汽车维修、租赁和驾培管理等方向拓展。到 2000 年以后，农村客运、外商投资道路运输业管理及国际道路运输管理职责也被纳入运输服务管理的范围。

这一阶段，我国运输服务市场空前活跃，人流、物流成倍增长，各种运输方式独立快速发展，运输服务管理水平显著提升，运输服务供给不足得到“初步缓解”，运输服务功能对经济社会发展支撑作用持续增强，实现了跨越式发展和历史性巨变。运输服务行政管理完成了从逐步开放运输市场、适应经济发展需要，到培育和规范运输市场、建立运输市场新秩序的转变，运输服务行政管理职责重点围绕道路运输和水路运输以及辅助服务业进一步细化展开。

4.2.3　“大部制”改革以来

“大部制”改革后，指导城市客运和物流市场管理职责，以及民航、邮政、铁路行政管理职责被划入交通运输部统筹管理，“一部三局”格局基本形成，运输服务由注重单一运输方式独立发展向注重多种运输方式一体融合发展转变，由注重城际间运输服务向城际、城市、城乡并重转变。营运客车小型化、舒适化和货运车辆大型化、专业化程度不断提高；以京津城际铁路为代表的高速铁路通车运营，中国进入“高铁时代”；水上和民航运力规模持续提升；个性化、多样化、高品质客运需求和小批量、多频次、高价值的货运需求持续快速增长，运输服务功能逐步向跨方式、跨区域、跨部门融合发展方向拓展，城乡客运、公交优先、甩挂运输、客货联程联运等运输服务功能不断涌现，对经济社会发展的支撑保障更为全面。

这一阶段，道路运输服务已经形成了客运、货运、运输装备、汽车维修、驾驶员培训、国际道路运输业务管理框架，同时，运输服务逐步聚焦提高效率、协调发展，将工作范围进一步拓展至促进交通运输方式融合、区域协调联动等方面，运输服务行政管理工作开始向组织衔接与综合协调加快拓展，开展了推进城乡交通运输一体化工作，与原铁道部共同推进铁水联运发展，推动城市优先发展公共交通上升为国家战略等系列工作，同时，进一步完善道路和水路运输市场监管，出台一系列开放市场、加强市场监管的制度文件，维护市场秩序，基本形成了全国统一、开放、公平竞争的道路和水路运输市场。

4.2.4　党的十八大以来

随着交通运输改革全面深化，综合交通、智慧交通、绿色交通、平安交通“四个交通”建设加快推进，多种运输方式有效衔接进一步上升为构建现代综合交通运输体系的重要抓手，综合运输服务供给能力稳步提升，服务功能进一步丰富完善，“基本适应”经济社会发展需求，运输服务与产业融合发展不断深化，定制客运、网约车、网络货运等新模式、新业态层出不穷，加快满足不同层次多样化需求，运输服务对不充分、不平衡的发展问题关注度持续提升。

这一阶段，综合运输服务一体化发展成为关键，运输服务管理职责突破了传统营运性车辆与非营运性车辆的界限，解决运输领域经济活动外部性、市场信息不完备和信息不对称等问题成为新的挑战，因此，在推动综合运输服务发展、促进现代物流业发展、全面促进城市客运健康发展、深化行业改革创新等方面开展了大量工作。其间，管理部门间协同合作更加紧密，市场环境更加统一开放，重点领域改革不断推进，运输服务管理边界有所模糊，进一步扩大到有利于“人享其行、货优其流”的各个相关领域，为打造“一流服务”、实现“全国 123 出行交通圈和全球 123 快货物流圈”交通强国战略目标、全面服务和保障社会主义现代化强国建设提供有力保障。

第5章
中国综合运输服务发展现状

5.1 综合运输服务发展成效

5.1.1 发展成效

(1)服务支撑作用显著增强。

截至2022年末,全国旅客运输量558737.63万人次、旅客周转量12921.54亿人公里,货物运输量5152571万吨、货物周转量231782.70亿吨公里,铁路营运里程15.49万公里、公路营运里程535.48万公里。公路与铁路旅客周转量、公路与水路货物周转量、港口货物和集装箱吞吐量、快递业务量稳居世界第一,民航运输总周转量、旅客周转量、货邮周转量居世界第二,极大地服务支撑了经济社会发展。

(2)旅客出行更加便捷舒适。

以道路运输为基础,高铁、民航快速发展的出行服务体系不断完善,高端化、快速化出行特征日益突出,2020年,动车组列车已承担铁路客运量比例约70%。2023年,国家铁路完成旅客发送量36.8亿人次,高峰日发送旅客突破2000万人次,全年和高峰日旅客发送量均创历史新高。截至2022年底,枢纽机场轨道接入率达71.4%,民航航班正常率连续3年超过80%。旅客联程运输蓬勃发展,空铁、公空等联运模式创新发展,高铁无轨站、城市候机楼、行李直挂等服务不断普及,铁路与城市轨道交通安检流程加快优化,18个枢纽实现了铁路与城市轨道交通安检单向或双向互认。截至2023年1月,共有76个城市被命名为"国家公交都市建设示范城市",机动化出行分担率进一步提高,327个地级以上城市实现交通一卡通互联互通。

(3)货物流通更加经济高效。

全面开展运输结构调整三年行动。与2020年相比,2022年铁路货运增量426709万吨、水路货运增量93722万吨。2023年1~11月,我国港口完成货物吞吐量155.1亿吨、外贸货物吞吐量46.2亿吨,同比分别增长8.4%、9.6%,增速明显快于2020—2022年的

3.8%、1.2%的平均增速。大宗物资"公转铁""公转水"深入推进,铁水联运、公铁联运、空铁联运、江海联运等运输组织模式创新发展。截至2022年底,我国已经累计创建116个"国家多式联运示范工程",示范工程共完成集装箱多式联运量约720万标箱。

截至2022年7月底,中欧班列共铺画了82条运输线路,通达欧洲24个国家196个城市,逐步"连点成线""织线成网",运输服务网络覆盖了欧洲全境,形成了贯通欧亚大陆的国际运输大动脉。运输货物品类已由开行初期的手机、计算机等IT产品逐渐扩大到服装鞋帽、汽车及配件、粮食、葡萄酒、咖啡豆、木材等53大门类、5万多个品种,涵盖了沿线国家和地区人民生产生活所需的方方面面。中欧班列累计开行超过5.7万列,运送货物530万标箱,重箱率达98.3%,货值累计近3000亿美元。

(4)新业态新模式不断规范。

定制客运、网约车、互联网租赁自行车、分时租赁、网络货运等新业态新模式不断涌现。截至2023年10月,全国29个省开通定制客运线路近4800条,投入车辆约1.8万辆,有效提供了"门到门""点到点"的出行服务。网约车管理制度日趋完善,省级出租车改革意见陆续出台,截至2022年5月31日,260个地级及以上城市出台实施细则,274家网约车平台公司获得经营许可。截至2023年11月17日,共享单车骑行量突破10亿人次,创历史新高,日均骑行量已达311.57万人次,同比2022年增长9.04%。全国已投入分时租赁车辆20万辆,70%以上为纯电动汽车。运输服务与旅游加速融合,"车票+门票""车票+门票+住宿"等运游融合产品不断涌现。网络货运加快规范发展,出台《网终平台道路货物运输经营管理暂行办法》,截至2023年10月,3000余家网络货运企业日均完成货运订单110余万单,车货匹配效率较传统模式提升2~3倍,物流交易成本降低6%~8%,较好地解决了"找车难""找货难"等问题。

(5)技术创新应用持续推进。

多种智能交通方式建设有序推进,无人机、智能船舶、智能网联汽车、无人仓加快应用,北斗系统在运输服务领域得到了深入推广,港口机械装备制造技术达到了世界领先水平。推广应用新能源和清洁能源运输装备,城市公交、出租车和货运配送成为新能源汽车应用的主要领域,使用量超过120万辆,新能源公交车占城市公交的比例超过60%。自动紧急制动、车道偏离预警、智能视频监控报警等先进技术在营运车辆上得到了大范围推广应用,车辆安全节能水平显著提升。截至2023年10月,全国二级及以上客运站联网售票覆盖率超过99%,2400个以上二级以上汽车客运站和主要水域实现电子客票应用,超过800万辆"两客一危"及12吨以上重型货车已安装应用北斗定位装置,并接入重点营运车辆联网联控系统和全国道路货运车辆公共监管与服务平台,全面实现了对道路运输车辆的动态监管。互联网道路运输便民政务服务系统、道路运输信用系统实现上线试运行。

(6)安全应急保障能力显著提升。

截至2022年年底,全年全国铁路未发生铁路交通特别重大、重大事故,铁路交通事故死亡人数同比下降14.6%;全年运输船舶水上交通事故(等级事故)共发生103起,比上年下降20.2%;全年民航安全运行平稳可控,运输航空百万架次重大事故率十年滚动值为0.011,通用航空事故万架次率为0.0367;邮政全年共发生事故2起,比上年减少6起。应急救援处置能力不断提升,深入实施高铁安全防护、公路安全生命防护等工程,及时防范化解交通重大安全风险,有效应对处置各类灾害事故。2023年上半年,全国各级海上搜救中心共组织协调搜救行动660次,并且协调派出搜救船舶3976艘次,飞机96架次;搜救遇险船舶444艘次,搜救遇险人员4283人,其中,4152人获救,搜救成功率达到96.9%。在新型冠状病毒感染疫情期间,有效保障疫情防控和复工复产,实施"一断三不断"部署,推出铁路"七快速"、公路"三不一优先"、水运"四优先"、民航客运"五个一"、邮政"绿色通道"等政策措施,全力阻断新冠病毒通过交通工具传播,保障应急物资和生活必需品运输。构建了国际物流保障协调工作机制,加强多种运输资源统筹调度,确保国际物流供应链稳定畅通。

(7)行业治理能力不断加强。

《道路运输条例》等加快修订,《快递暂行条例》制订出台,城市轨道交通运营管理制度体系基本建立,规范网约车、互联网租赁自行车发展的指导性政策先后实施,为交通运输新业态全球治理提供中国经验与方案。《系列2集装箱　分类、尺寸和额定质量》(GB/T 35201—2017)等标准发布实施。省级运管机构改革基本完成,进一步明确了行政主管部门与行业事业单位的职责边界,实现了政事分开。深化"放管服"改革成效明显,取消或下放多项行政审批事项、职业资格许可和认定事项,切实加强事中事后监管,破除市场壁垒,推进减税降费。加快构建以信用为核心的新型监管机制,对道路运输领域失信行为实施联合惩戒。

5.1.2　地方典型做法

(1)健全运输服务合作机制。

①强化跨行业部门合作机制。山东省积极推进多式联运发展,全力构建企业联盟机制,2019年,组织130余家企业、协会、科研机构成立了全国首个省级多式联运发展企业联盟,发挥桥梁纽带作用,培育多式联运经营人,推动成员在多式联运各方面进行创新性探索。浙江省将多式联运工作纳入交通强省领导小组议事框架和省政府重点工作,建立发改、交通、商务等11个单位的联络员机制,定期协调解决重大问题。同时,通过与铁路上海局集团、杭州铁路办事处主动对接,建立起"交通—铁路"联系制度,实现常态化沟通对接、联动推进。辽宁省会同公安、商务等部门共同推进城市配送车辆通行便利化工作,推动共同配送发展。

②探索跨区域合作机制。浙江省级综合交通管理体制不断理顺,长三角区域合作三级运作机制进一步完善,逐步形成跨部门跨区域协同联动的综合运输发展环境。黑龙江省与广东省签订对口合作框架协议,在物流新通道建设上,深入推进多式联运合作发展,拓展两省间的铁路运输班列,开通"哈广铁路班列",开发"点到点"铁路货运列车、大宗货物直达列车等多式联运产品,提升班列运输服务品质,构建快捷货运班列网络,推动了两地经济深度融合。

(2)改善旅客出行服务水平。

①整合运输资源,方便旅客联程出行。深圳市交通运输委员会联合市财政委员会、市文化广电旅游体育局、深圳机场(集团)有限公司、航空公司等单位,整合多方资源共同推出"深圳飞"项目,为旅客乘机提供无缝衔接的"空铁""空巴""空海"等联运服务,并以每年9%的速度增长。浙江省镇江市通过"空巴通"联程出行可达城市比例达78%,4小时可达一半以上国内主要城市。天津机场在与天津港和各大旅行社深化合作的基础上,推出空海联运服务,通过异地候机等方式吸引旅客通过空海联程运输产品出行。同时,天津机场与第三方快递公司合作,采取"门到门"方式为旅客提供"行李管家"服务,取得了较好反响。

②运用"互联网+"技术手段,满足个性化出行需求。截至2021年6月底,广东省各地累计许可网约车平台公司362家,核发《网络预约出租汽车运输证》32.72万张,核发《网络预约出租汽车驾驶员证》60.79万张,网络预约出租汽车极大地丰富了市场运力规模。广州市第二汽车公司以"智慧出行"为出发点,通过搭建客户管理平台、如约商旅出行服务平台、包车管家等系统平台,大力开展定制公交、定制客运业务,建设5G招呼站,在广深两地布局近30个上下客点。重庆市拓宽网上公众出行服务平台功能,开通定制包车、城际商务快车,在一定区域内提供免费接送服务。

③打造多模式运输服务系统,拓展运输服务网络。2021年1月,长三角三省一市交通运输厅(委)印发《关于促进长三角省际毗邻地区公交化客运更高质量一体化发展的指导意见》(沪交道运〔2021〕50号)等一系列文件,开通省际毗邻公交线路350余条。同时,整合互联网出行平台、旅行社、景区等各类信息,开通89条直达省内景区的定线旅游客运。浙江省倡导公平共享的发展理念,持续推进农村客运班线公交化改造和提升工作,建制村公交开通率达65%以上,城乡客运均等化服务水平不断提高。

(3)创新货物运输组织模式。

①深入推进甩挂运输、多式联运发展,加快发展铁水联运、江海直达等组织模式。河南省不断推进甩挂运输发展,已有13家企业成为国家甩挂运输试点单位,建立了甩挂运输企业联盟,初步构建了多点、网络化、适合甩挂运输的货运网络。湖北省依托航空货运枢纽开展了空陆联运,支持发展卡车航班,鼓励开辟和发展至武汉港、黄石港的集装箱喂给航线,创新水上穿梭巴士等联运模式;开辟武汉新港至国内沿海主要港口航线,同时开辟武汉新港至韩国、日本等国家的近洋集装箱航线,创新班轮化组织模式。四川省国际铁路联运、铁水联运、陆空联运、公铁联运、江海联运等多种运输组织模式兼备,首创内外贸货物"集拼集运"混装模式,除江海联运外,均形成以成都市为核心的稳定运输产品。

②积极推进跨部门和跨方式信息共享,提高运输组织效率。宁波市四方物流平台集成了海关、检验检疫、海事及港口、船公司等各部门的信息,同时,将工商、银行、公安、交通静态信用与平台交易互评产生的动态信用相结合,形成权威的信用管理体系,实现政府、企业、中介组织之间的信息交换和共享。成都国际陆港物流信息平台不仅实现了在线报关、报检、签发提单等服务功能,还围绕"蓉欧"及"蓉欧+"班列开行,实现铁路班

列订车与班轮订舱有效对接，搭建了一站式通关、本地退税便捷化、一体化港铁和公铁联运服务平台。

③统一配送、共同配送、集中配送等集约组织模式加速推广，促进城市货运配送发展。广东省加大政策支持力度，推动邮政快递和城市配送统筹布局、融合发展，着力打造珠三角区域绿色物流片区。鼓励邮政快递企业、城市配送企业探索统一配送、集中配送等集约化运输组织模式，统筹优化末端共同配送网络节点建设，探索构建“集约、高效、绿色、智能”的城市货运配送服务体系。

(4)推进专业装备技术创新。

①发挥市场各方作用，标准、专业运输装备研发应用水平不断提高。中国中车集团有限公司加强与相关企业合作，加快研发驮背、冷藏等专用联运装备，以及滚装滚卸式、吊装作业式等型号的多功能联运车辆。中国海运(集团)总公司打造上开顶的特种小高箱专供辽宁沈哈红运物流有限公司粮食公铁运输，实现了散粮集装化运输和全程不落地、无损耗。郑州国际陆港公司新增加45英尺新型冷藏集装箱30个，冷藏集装箱数量达249个；航空货物整板运输专用车(侧帘式)车型获工信部扩展公告。洛阳市依托省级多式联运示范工程企业相继开发应用了拖拉机重型机械设备专用双层铁架、升降式商品车卸车平台等新型设备，联运装备的研发和推广应用取得新进展。

②自动化技术不断突破，先进设施设备不断涌现。上海洋山港四期工程建成全球最大规模自动化集装箱码头，实现集装箱装卸、运输全自动化运作，装卸效率世界领先，并在深水港物流园区—洋山港之间率先实现全球首次5G+L4级智能驾驶重卡示范运营。

(5)推动绿色低碳转型发展。

①优化综合运输结构，推动货运物流绿色发展。江苏省加快推进集疏港铁路建设，沿海主要港口大宗货物铁路和水路集疏港比例提升至94.8%。在珠三角地区城市中心区逐步试点设立“绿色物流片区”，引导货运站场向城市外围地区发展，推进传统铁路货运场站向城市物流配送中心、现代物流园区转型发展，区域公铁运输结构得到明显改善。

②充分发挥市场作用，创新绿色出行激励模式。2019年，北京市发布国内首个出行即服务(Mobility as a Service，MaaS)平台，提供行前智慧决策、行中全程引导、行后绿色激励等全流程、一站式的出行服务。2020年，北京市交通委员会、北京市生态环境局联合高德、百度启动“MaaS出行绿动全城”行动，基于MaaS平台推出绿色出行碳普惠激励措施，在全国范围内首次实现了覆盖公交、地铁、自行车、步行全绿色出行方式的低碳出行碳普惠模式，是国内首次以碳普惠方式鼓励市民全方式参与绿色出行。

③推广应用清洁能源，推动运输装备迭代升级。截至2022年年底，浙江省新能源汽车保有量为134.82万辆，新增49.46万辆，同比增幅达57.9%，占全国保有量的比例超过十分之一，且浙江省重点港口、物流园区、城市配送等作业车辆清洁能源化应用得到加快推广。2020年，广州市推进全面实现公交电动化，新能源公交车占公交车辆总量的93.4%，推动碳排放强度下降超80%。截至2020年底，广东省交通运输行业累计推广应用新能源汽

车12.7万辆，城市公交电动化率为97.8%，纯电动车型占新能源公交总量的比例达93.1%。珠三角地区、粤东粤西粤北地区公交电动化率分别为100%、87.6%。广州公交B27线入选交通运输部公布的2019—2020年20条“新能源公交高品质线路”名单。

(6)加快完善行业治理体系。

①持续简政放权，着力优化营商环境。广东省大幅压缩港口、水路运输经营许可等审批时间，推进行政许可事项实现“现场跑0次”，在全国率先免除企业船舶过闸费。重庆市针对精品客运班线、与铁路共线的客运班线，将车辆车型结构调整、运力增减的决定权交由客运企业，由企业直接进行申报后许可；变更道路客运班线起讫地内的客运站，在符合市场发展需求的前提下，由企业和客运站协商一致后，报客运站辖区运管所办理相关手续；具备竞争条件的道路客运班线（农村客运除外），票价由道路客运企业依据运营成本、与其他运输方式的比价关系、市场供求状况和服务品质等因素依法自主确定。

②制修订出台一系列部门规章，运输服务相关法规标准体系进一步完善。以广东省为例，先后开展了《广东省城市轨道交通运营安全管理办法》《广东省交通运输厅实施〈道路旅客运输及客运站管理规定〉办法》《广东省出租汽车经营管理办法》《广东省交通运输厅关于市际公交化客运班线运营的管理规范》《广东省水路运输市场信用信息管理实施细则（试行）》《网络平台道路货物运输经营管理的实施细则》等规章制订，推进《广东省公共交通条例》《广东省城市轨道交通运营突发事件应急预案》等规章的修订，规范优化了运输服务发展环境。

③规范行业监管，加强信用体系建设。河北省构建以管理服务平台为依托、以统一指挥为纽带，各部门各单位协同配合、上下联动、高效处置的新型省市县三级监管体系，打造统一规范、协同高效的“互联网+统一指挥+综合监管”模式。浙江省围绕“531X”信用工程和交通运输部“信用交通省”创建、推动构建道路运输行业信用闭环监管体系，出台《浙江省交通运输行业信用工作管理办法（试行）》，修订《浙江省道路运输企业信用管理实施细则》。

④创新重点领域行业规章，规范新业态发展。各省注重督促网络货运企业规范运营。福建省出台《福建省道路货运无车承运人试点工作管理办法》，吸引省外网络货运龙头企业入驻，打造好运联联、泉州天地汇等具有全国影响力的网络货运福建品牌，打造网络货运产业集群。北京市按照“数据测试—线上服务能力认定—审批制证”的流程，由区级交通运输管理部门为从事网络货运的经营者核发道路运输经营许可证。河南省出台了《关于减免甩挂运输试点企业甩挂车辆通行费的通知》政策，鼓励和支持甩挂运输发展，“十三五”期间累计1252辆次甩挂运输车辆享受高速公路通行费减免30%政策；成立了全国首家网络货运行业协会，引导行业规范有序发展。

⑤切实保障运输从业人员合法权益，努力建设人民满意交通。河南省从制订工作方案、修订建设标准、探索可持续发展路径等多个方面提升“司机之家”建设管理运行水平，改善广大货车驾驶员工作休息环境和条件；印发《关于开展“听民声、知民情、办实事、献爱心”关爱货车司机活动的通知》，指导地市实施好“五个一”系列关心关爱行动，

切实维护好广大货车驾驶员的合法权益，提升货车驾驶员的职业归属感和荣誉感，逐步形成全社会关爱货车驾驶员群体的良好氛围。

5.2 综合运输服务存在问题

与人民日益增长的美好生活需要相比，与建设交通强国的宏伟目标相比，当前，我国综合运输服务还存在发展不平衡、不充分问题。区域间协调发展机制有待加强，统一开放、竞争有序的市场秩序尚未完全形成；各种运输方式间运输结构不尽合理，尚未充分发挥各种运输方式的比较优势；城乡间运输服务水平和质量差异较大，不能满足共同富裕的美好出行需要，具体表现在五个方面。

5.2.1 传统运输业态转型升级相对缓慢

①传统道路客运“人归点、车进站”的组织方式已经不能满足旅客对于个性化、高品质的运输服务需求，转型步伐仍需加快。

②货运市场主体“小散弱”明显，特别是传统货运市场集中度低，低效运能供大于求。货运车型标准化程度低，全面完成老旧柴油货车淘汰任务十分艰巨。

③出租汽车新老业态竞合发展的突出问题亟待解决，新业态监管有待加强，汽车租赁行业监管亟须进一步加强。

④行业稳定基础仍不牢固，新旧业态之间矛盾突出，货车驾驶员和出租车驾驶员等领域小规模、区域性、苗头性事件依然频发。

5.2.2 运输结构调整有待进一步深化

①交通运输总需求仍处于增长阶段，运输结构调整有待进一步深化，污染控制和减排难度不断加大。

②货物运输结构仍不合理，结构调整主要依靠行政手段，尚未形成以合理比价关系为核心的市场长效发展机制，财税、金融等配套支持政策较为薄弱。多式联运运价竞争优势不明显，例如部分地区铁路班列集装箱运价比公路运价高，地方铁路运价远高于国铁价格等。

③港口集疏运铁路、物流园区和大型工矿企业铁路专用线建设滞后，利用率较低，一定程度上影响了运输结构调整速度。

④客运结构仍不完善，铁路、民航服务覆盖范围不够，长途道路客运班线结构仍有待优化，以公交、轨道、慢行交通等绿色出行为主导的城市交通体系有待进一步构建。

5.2.3 一体化运输服务能力有待提升

①综合枢纽整体运输组织水平和运行效率不高。已建成的综合客运枢纽系统虽健全但内部联络不畅、设施布局不合理，零距离换乘衔接程度较低。综合货运枢纽一体化

服务能力较为薄弱,“最后一公里”问题仍比较突出,集疏运体系不健全。

②旅客联程运输总体处于起步阶段,一站式服务不连通,不同运输方式间安检互认普遍尚未实现。

③货物多式联运发展水平亟待提升,不同运输方式之间沟通衔接不畅、组织协同不够,联运效率不高,“最后一公里”梗阻现象突出。多式联运量占比不高,如海铁集装箱联运比例仅为2.1%,远低于发达国家20%左右的发展水平。

④运输服务融合发展水平不高。跨区域一体化融合发展的体制机制障碍亟须创新突破。城市、城乡客运线路、站点等资源缺乏统筹,便捷程度有待提高。

5.2.4　运输高质量发展内生动力尚有不足

①运输组织效率低,经营者创新发展动力不强,先进组织模式、技术手段难以全面推广,定制化、个性化、多样化运输服务产品供给能力有待提升,各地虽有不同探索,但盈利性和市场占有份额不足。

②信息技术应用仍不适应转型升级发展要求,“系统开发多、综合应用少”,行业信息化各自为政、重复建设、分散运营现象普遍存在,资源共享难、互联互通难、业务协同难等问题仍然突出。

③运输服务新业态发展仍需进一步规范,各地网约车合规化进展不平衡,不合规车辆和驾驶员仍大量存在;定制客运发展水平仍需提高,途径的站点设置仍有待规范和优化,不能充分满足群众个性化出行需求。

④从业人员总体素质不够高、关键岗位从业人员数量不足等问题并存,基层基础工作不健全,职业荣誉感和行业归属感不强。

5.2.5　治理体系和治理能力有待进一步提高

①综合交通运输职能体系有待健全,体制机制改革有待深化。统一开放的交通运输市场体系亟待建立健全,部分市场定价、准入退出机制还不完善。交通运输行政执法规范化水平需进一步提升。

②综合交通运输法规体系需进一步建立健全,促进各种运输方式深度融合的“龙头法”亟须制定,不同运输方式的法律、法规、规划、政策等统筹衔接有待加强。综合交通枢纽、旅客联程运输、货物多式联运、新业态新模式等领域标准规范亟待进一步完善,各种运输方式之间技术标准规范亟待进一步协调衔接。

③全链条、全过程事中事后监管体系尚未形成,行业管理理念、手段、方式不适应新形势下改革发展需要。信用信息共享应用有待拓展,信用信息归集覆盖面不全,重点领域信用监管力度不足。

④统计监测体系不完善,与运输结构调整、运输转型发展、运输产业发展等新要求有关的运输数据缺乏常态化、科学化的统计和监测。

第6章 中国综合运输服务能力监测

6.1 已开展监测工作

6.1.1 已有典型监测指数

6.1.1.1 监测指数简介

交通运输部已经建立了一套较为完整的行业统计制度体系，通过8套备案类和24套审批类统计报表制度，经由部相关司局对相关数据进行统计及分析。同时，近年来，交通运输行业也陆续推出了反映行业经济景气的指数，代表性的指数有交易价格类指数（如中国出口集装箱运价指数、全国道路货运价格指数等）和经济景气类指数（如中国航运景气指数）。

（1）中国出口集装箱运价指数（China Containerized Freight Index，CCFI）。

CCFI由上海航运交易所编制，属于实际交易价格指数，客观反映了集装箱市场状况，成为世界了解中国航运市场的重要指标，为各大航贸企业日常经营决策提供了有力依据，为政府部门对我国集装箱航运市场监管提供了参考依据。

（2）中国航运景气指数（CSPI）。

中国航运景气指数主要包含中国航运景气指数（China Shipping Prosperity Index，CSPI）、中国航运信心指数（China Shipping Confidence Index，CSFI）、中国航运景气预警指数（China Shipping Alertness Index，CSAI）和中国航运景气动向指数（China Shipping Composite Index，CSCI）四大指数，由上海国际航运研究中心发布，属于经济景气类指数。CSPI和CSFI是通过与数百家航运企业建立定期景气调查制度，实行季度调查、季度发布。CSAI和CSCI是通过相关数据挖掘中国航运业的发展变动规律，月度发布。

（3）中国物流业景气指数（Logistics Prosperity Index，LPI）。

LPI主要用来反映物流业发展运行的总体情况，由业务总量、新订单、从业人员、库存周转次数、设备利用率、平均库存量、资金周转率、主营业务成本、主营业务利润、物流服务价格、固定资产投资完成额、业务活动预期12个分项指数和一个合成指数构成。该指数反映物流业经济发展的总体变化情况，以50%作为经济强弱的分界点，高于50%时，反映物流业经济扩张；低于50%时，则反映物流业经济收缩。该指数既能够满足观察、预测、分析我国物流业运行发展趋势及与国民经济的关联性需求，也为指导企业生产经营与投资等活动提供了依据。该指数由中国物流与采购联合会自2009年启动基础理论研究，经过3年多的前期研究、调查等准备工作和1年多的试运营，于2013年初开始正式独立发布。

(4)中国运输服务指数(China Transportation Service Index，CTSI)。

交通运输部综合规划司于2013年委托有关技术单位开展中国运输服务指数(CTSI)的研究工作，2014年基本完成。该指数以我国各种运输方式客货运量为基础指标，选取5个货运基础指标和4个客运基础指标，由这些指标共同构建中国运输服务指数以及客运和货运2个专项指数。该指数主要反映我国交通运输行业运行基本状况，并揭示交通运输行业发展与宏观经济运行之间的互动关系。目前，该指数已进入试用阶段，每月初提交一次，供交通经济运行分析等工作使用。该指数的构建较好地反映了行业总体运行态势以及行业与宏观经济的关联性，可对行业及宏观经济发展趋势做出一定的判断，并为行业交通经济运行分析等重点工作提供较好支撑。

6.1.1.2 典型指数分析

1)全国道路货物运输价格指数(China Freight Index，CFI)

(1)编制背景。

为贯彻落实国办发〔2011〕63号文件提出的“及时调查、测算道路货物运输平均合理成本并定期向社会公布，作为承托运双方进行议价的重要依据，促进合理运输价格的形成”的指示，进一步促进道路货运业健康稳定发展，交通运输部委托部公路科学研究院先期开展了《道路货物运价指数编制方法》课题研究，为监测市场货运价格、编制运价指数和测算平均合理成本提供理论支撑和方法指导，同时结合各地已开展相关工作的实践经验，在广泛开展调研和座谈基础上，交通运输部决定组织开展全国道路货运价格监测、指数编制与成本测算试点工作。

(2)指数架构。

全国道路货物运输价格指数(CFI)以各地线路货物运输运价为基础指标，选取10个试点区域运价指数，由这些区域指数构建全国货运价格指数。全国货运价格指数架构如图6-1所示。

(3)数据获取与计算方法。

①试点区域。选取山西省、辽宁省、上海市、江苏省、浙江省、安徽省、湖北省、广东省、重庆市、陕西省10个省(直辖市)，开展煤炭运输、集装箱运输、普货整车运输的道路货运运价和成本监测试点工作。其中，山西省重点组织开展煤炭道路货运价格与成本监测；辽宁省、上海市重点组织开展集装箱道路货运价格与成本监测；浙江省、广东省重

点组织开展集装箱和普货整车道路货运价格与成本监测；江苏省、安徽省、湖北省、重庆市重点组织开展普货整车道路货运价格与成本监测。

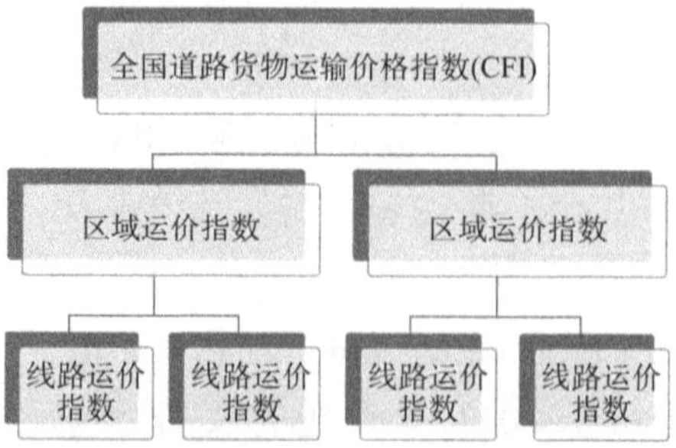

图 6-1　全国道路货物运输价格指数(CFI)架构

②样本选择。CFI 编制工作在样本线路的选取上应遵循典型性、地区分布性和相关性等主要原则，综合考虑发往全国各经济区域的货运的流向和流量、主要运输车型、运输组织方式(整车、零担、集装箱、铁路行包)。在样本企业的选择上，覆盖了各种类型的运输主体，不仅兼顾国有企业、集体经济、合资企业、民营企业、个体经营等各类型企业，还尽可能覆盖各经济规模的企业，并适当增加中小货运企业和个体经营比例，以增强该价格指数对影响因素的敏感度。

③数据采集。数据采集方式分为企业统计人员报送和数据采集员调查两种。其中，企业统计人员为数据采集样本企业自有职员，负责定期报送运价指数相关基础数据。数据采集员是运价指数编制单位选定的工作人员，负责直接面向样本采集企业进行定期数据采集。数据采集系统是该运价指数专用的信息采集窗口。样本企业用户通过网络平台客户端进入数据采集界面填报数据，各用户只能在自己的权限范围内进行相应的数据录入、修改和查询操作。

④指数计算方法。CFI 的计算选用拉氏指数计算公式，拉氏公式以基期物量为权数，同度量因素固定在基期编制指数。其优点是可说明人们想维持基期的消费水平，在报告期因价格变动而要多支出(或少支出)的费用。

(4)指数发布方式。

CFI 自 2015 年 5 月起正式发布，发布周期为每月一次。其中，区域运价指数由各试点省自行发布，全国道路货物运输价格总指数由交通运输部公路科学研究院负责发布。

(5)指数分析与应用。

根据不同线路整车、零担重货、零担轻货、集装箱运输价格和指数变化，从环比和同比两个角度定量分析其月变化、季变化、年变化，比较分析市场价格及指数走势。

对照价格和指数变化的趋势与幅度，调查、研究和分析货运市场价量变化、运价成本、运力结构等市场要素的变动状况，货运目的城市经济需求变化以及政策影响等，解读运价及指数变动的内在动因。

根据统计数据及对比分析结果，综合评价货运市场发展态势(低迷、高位、下跌、上扬），密切结合区域经济发展的环境、市场需求的变化，对当前运输市场整体运行做出判断，并对未来一定时期内运输市场发展趋势做出预测，供行业管理部门和市场各方参考使用。

2）中国采购经理人指数（Purchasing Managers'Index，PMI）

PMI分为制造业PMI和非制造业PMI。PMI是国际上通用的监测宏观经济走势的先行性指数之一，具有较强的预测、预警作用。其中，制造业PMI由5个扩散指数加权而成，即新订单指数（订单）、生产指数（生产）、从业人员指数（雇员）、供应商配送时间指数（配送）、主要原材料库存指数（存货）。制造业PMI通常以50%作为经济强弱的分界点，PMI高于50%时，反映制造业经济扩张；PMI低于50%时，则反映制造业经济收缩。我国制造业PMI于2005年正式发布，非制造业PMI于2008年正式发布。

（1）指数架构。

PMI是通过对企业采购经理的月度调查结果统计汇总、编制而成的指数，涵盖了企业采购、生产、流通等各个环节。该指数体系共包括11个指数：新订单、生产、就业、供应商配送、存货、新出口订单、采购、产成品库存、购进价格、进口、积压订单。

中国采购经理人指数自2002年开始启动研究至2005年发布，经历了3年多的时间。其中2002—2004年上半年为调研阶段，重点是与国外专家进行多次交流、研讨，并开展大量的研究、宣传与调研工作。2004年下半年到2005年年中，开展了调查方案的制订、企业调查问卷的设计、企业抽样方法制订与实施、部分企业试点、采购经理培训等系列工作。

（2）数据获取与计算方法。

①样本选择。我国PMI的调查范围涉及《国民经济行业分类》（GB/T 4754—2017）中制造业的31个行业大类，从全国抽取730家样本企业进行调查。在发达国家中，PMI主要调查的是私人公司，但考虑我国国有企业占比较大的实际情况，为确保样本企业的代表性，调查样本以大中型企业为主，股份有限公司、有限责任公司、外资企业、国有企业的比例分别占35.6%、27.6%、20.5%和12.6%。在地区分布上，调查样本中东部、中部、西部企业分别占63.6%、23.6%和12.8%，反映经济区域的代表性。

②数据采集与处理。在调查的组织方面，采用中国物流与采购联合会与国家统计局合作的方式，国家统计局企业调查总队负责数据采集与加工。国家统计局企调队拥有全国的调查渠道，且自1998年开始做全国经济调查，具有丰富的调查经验和高素质的人员队伍，有利于保障调查质量。同时，还采取两级机构即城市与省市级企调队负责催报，这两级直接针对企业，对被调查对象连续跟踪，发生变化随时调整，保证数据源准确、可靠。PMI问卷调查采用企业经理直接网上填报模式，以降低人工录入出错概率，并缩短填报与汇总的时间。

③指数计算方法。PMI是一个综合指数，其计算方法全球统一。我国在积极与国际接轨的同时，也结合我国实际情况，在调查方法等多环节进行了调整和完善。

(3)指数发布方式。

中国制造业采购经理人指数是国家统计局和中国物流与采购联合会共同合作编制完成。按双方协商的合作分工,国家统计局企业调查总队负责数据的调查采集和加工处理;中国物流与采购联合会和中国物流信息中心负责数据分析、商务报告的撰写以及对社会发布。目前,采购经理人指数调查已列入国家统计局的正式调查目录。PMI 按月度定期在每个月的第一个工作日发布。采购经理人调查是一项月度调查,受季节因素影响,数据波动较大。现发布的 PMI 综合指数和各分类指数均为经季节调整后的数据。

(4)指数分析与应用。

目前,全球已有 20 多个国家建立了 PMI 体系,PMI 及其商业报告已成为世界经济运行活动的重要评价指标和世界经济变化的晴雨表。采购经理人指数中的支付物价指数及收取物价指数也被视为物价指标的一种,而其中的就业指数更常被用来预测失业率及非农业就业人口的表现。

根据美国的经验,PMI 与 GDP 具有高度相关性,且 PMI 转折点往往领先于 GDP 几个月。在过去四十多年里,美国制造业 PMI 的峰值可领先商业高潮 6 ~ 18 个月,领先商业低潮一般 1 ~ 4 个月。我国的 PMI 发布时间虽还不长,但经过与实际经济统计数据进行相关性和领先性分析,同样发现我国 PMI 一直领先相关行业经济指标几个月的特性,同时,PMI 对黑色金属、有色金属、多种设备制造业等行业有较好的预测效果。我国的 PMI 对于加快与国际经济接轨、加强国家经济与产业经济的宏观调控与预测、指导企业生产活动等具有积极重要的作用。

6.1.1.3 现有指数的主要不足

上述有关指数均从不同层面反映了行业总体运行态势、与宏观经济的关联性以及市场景气状况等,可为行业和市场主体研判未来发展走势等提供有益参考,但对照新时期综合运输服务的发展要求及行业、市场、公众等多方需求,有关指数指标设计总体较专业、偏单一,不能满足全面科学评估综合运输服务发展水平、趋势等要求,主要表现在以下几个方面。

(1)难以直观反映交通运输服务经济社会能力。

现有指数主要反映行业与宏观经济关联性,但还不能直观反映行业对国民经济的贡献率、行业对其他相关产业的引领、支撑作用,也不能反映行业对社会效益的贡献能力,如吸纳社会就业的能力及行业在安全、资源集约节约利用、环境保护等领域的能力与水平。同时,现有指数未考虑反映社会公众对运输服务的感知度和满意度。因此,现有指数难以直观反映行业服务经济社会能力。

(2)难以准确反映行业发展质量和效率。

现有指数不能直观反映运输结构的变化态势、各运输方式运量变化及所占比例的合理性以及普遍公共服务发展水平等,也不能反映政务运作效率、市场主体效益、运输组织效率以及可持续发展能力等,不能较好地为行业决策提供及时、科学的提示和参考。

(3)难以全面反映综合运输服务能力与水平。

受当前发展阶段、统计制度等多重因素制约,现有统计数据仍聚焦反映各运输方式各自发展情况,缺乏反映综合交通运输体系发展状况的综合性指标,如旅客联程运输、货物多式联运等相关指标,难以为科学测度综合运输服务能力与水平提供更全面直观的依据。

6.1.1.4 编制综合指数的突出困难

综合考虑国内外已有指数编制工作情况,以及当前行业相关指数的功能和统计数据基础,结合综合运输服务的新定位、新要求,建立综合运输服务指数还面临诸多困难,突出表现在以下几个方面。

(1)数据支撑能力严重不足。

数据全面性不足,缺乏直观反映行业创造经济价值、社会效益能力的有关数据,如运输货值、公众出行支出成本、直接间接吸纳就业人数等;综合性数据匮乏,反映综合运输服务效能的有关数据还未建立,如集装箱多式联运量,标准化、专业化转运设施装备,运输市场集中度等;公众感知类数据严重缺失,关于公众(客户)对运输服务的满意情况、需求、品牌认同等数据缺乏。基础数据的不足将严重制约指数构建的全面性、科学性和权威性。

(2)数据获取渠道亟待拓展。

行业统计手段落后。多数行业统计数据仍采用抽样调查和分层级统计上报,依托互联网、大数据等新技术手段开展统计工作还刚刚起步,数据采集质量、效率难以保障。各运输方式数据共享机制不健全,突出表现在铁路、民航、邮政部门间的数据共享机制还不健全,公路运输、水路运输及安全等数据缺乏必要的统筹协调,基础数据的及时性、同步性、全面性缺乏有力的机制支撑。社会数据资源未得到充分利用,如中国物流与采购联合会、高德等行业外有关协会、互联网平台企业在全国物流信息、城市交通大数据等领域各有优势,但行业还未与之建立较为密切、长期的数据合作机制。

(3)指数构建工作基础薄弱。

指数构建工作经验不足。一方面,关于综合运输服务能力的理论内涵及具化指标还没有系统深入研究和形成广泛统一认识,行业内已有的指数数量较少、涉及面窄,主要集中在与经济关联领域,工作基础条件十分薄弱;另一方面,全面反映交通运输服务国民经济、服务行业决策、服务社会公众的能力与水平是构建综合运输服务指数的三大预期立项目标,三个目标之间的跨度大、内在逻辑关联度不强,需要构建多层级、多个分项指标予以体现,同时,各分项指标设置内涵、维度本身还没有统一、权威的定义,需要开展深入的基础研究并创造性设置多个分项指标,系统整合复杂且研究难度极大。指数构建工作具有长期性、渐进性的特点,构建较为完善的综合运输指数是一项复杂的系统工程,需要开展深入的顶层设计、制订科学的架构体系;需要对大量创新性分项指数、指标进行充分的理论研究;需要选取具有广泛代表性的试点,在相当时期内开展实证、试运营;需要根据不同分项指标基础数据的可获得性、发布频率等,分步实施、逐渐完善,因此,完成综合运输服务指数构建将是一项长期性、渐进性的工作。指数构建工作仍存在较多不确定性因素,在指数构建完善过程中,新数据的可获得性与权威性,跨方式、跨行业、跨部门的数据共享合作机制的稳定和畅通,分项指标的科学性、可操作性和时效性等,均会受多方因素制约,存在较大的不确定性,这将进一步加大指数构建工作的艰巨性。

6.1.2 现行主要监测制度

交通运输部现行的统计报表制度见表6-1,通过8套备案类和21套审批类统计报表制度,经由部各个司局,对其相关的交通运输行业数据进行统计及分析,形成了一套相对完整、规律的数据获取体系。

交通运输部现行统计报表制度一览表　　表6-1

序号	统计报表制度	批准类型
1	公路水路交通运输企业一套表统计调查制度(试点)	审批
2	交通运输扶贫统计报表制度	审批
3	交通运输综合统计报表制度	审批
4	收费公路统计报表制度	审批
5	邮轮运营统计报表制度	审批
6	公路交通情况调查统计报表制度	备案
7	交通审计统计报表制度	备案
8	交通档案工作基本情况统计报表制度	备案
9	交通专用通信网统计报表制度	备案
10	交通固定资产投资统计报表制度	审批
11	交通运输行业公路、水路环境统计报表制度	审批
12	水上交通情况调查统计报表制度	审批
13	交通运输劳动工资统计报表制度	审批
14	公路养护统计报表制度	审批
15	国内航运统计报表制度	审批
16	海上国际运输业统计报表制度	审批
17	两岸海上直航运量统计报表制度	审批
18	水运及交通运输支持系统建设项目统计报表制度	审批
19	水运生产快速统计报表制度	审批
20	航道管理与养护年报统计制度	备案

续上表

序号	统计报表制度	批准类型
21	道路运输统计报表制度	审批
22	道路运输行业行车事故统计报表制度	审批
23	港口生产安全事故统计报表制度	审批
24	交通运输行业建设工程生产安全事故统计报表制度	审批
25	公路水运工程质量状况及质量监督信息统计报表制度	备案
26	交通运输科技统计报表制度	审批
27	交通救捞统计报表制度	备案
28	海事统计报表制度	备案
29	长江航务管理局固定资产投资统计报表制度	审批

基于以上各类统计报表制度，目前从中选取一批综合运输服务能力监测评价指标，包括交通固定资产投资完成情况等反映交通运输业对宏观经济贡献的指标；集装箱多式联运运量增长率等反映交通运输服务综合运行效率的指标；投入运输设备增长率、市场主体新增情况等反映市场预期情况的指标；各运输方式运价及相关指数等反映运输市场运价机制的指标；各类运输企业的财务数据、市场景气指数等反映市场经营情况的指标；各运输方式基础设施里程数等反映基本公共服务水平的指标；交通运输科研投入资金与申报专利、软件著作权数量等反映交通运输科技创新投入产出的指标；交通运输事故数据等反映综合运输安全生产情况的指标等。表6-2列举了与综合运输服务相关的指标以及数据来源。

现有综合运输服务能力监测主要指标及数据来源 表6-2

类别	具体指标	数据来源
经济贡献	交通固定资产投资完成情况	交通固定资产投资统计报表制度
运行效率	集装箱多式联运运量增长率	公路水路交通运输企业一套表统计调查制度（试点）
	干线公路营运货车单车平均年完成货物周转量	公路交通情况调查统计报表制度
市场景气	投入运输装备增长率	公路水路交通运输企业一套表统计调查制度（试点）、交通运输综合统计报表制度
	市场主体新增情况	
	各运输方式客货运量及周转量、快递业务量	
科技创新	申报专利、软件著作权数量	交通运输科技统计报表制度
	科研投入资金	
	国家科学技术奖项	

续上表

类别	具体指标	数据来源
社会效益	各运输方式基础设施里程数	交通运输综合统计报表制度
	建制村通客车率	道路运输统计报表制度
	运输业就业人员数量	交通运输劳动工资统计报表制度
安全生产	较大及以上等级道路运输行车事故死亡人数环比下降率	道路运输行业行车事故统计报表制度
	百万艘次船舶流量死亡失踪人数同比下降率	港口生产安全事故统计报表制度

6.1.3 各地监测实践工作

(1)运输量相关监测。

交通运输部综合规划司建立高速公路运输量统计调查渠道,通过将收费站数据结合抽样方法进行统计分析,得到我国整体高速公路货运量相关数据。同时,采集各地区公路运输、水路运输的货运统计信息,汇总得出公路运输、水路运输的货运量、周转量等统计数据。中国铁路总公司采集全国各铁路货运站的发送量、到达量、起始地、货类等数据。交通运输部水运局采集全国主要内河和沿海港口集散量数据。

(2)交通量相关监测。

交通运输部综合规划司建立国家干线公路交通量调查渠道,采集高速公路断面交通量观测数据,并于2013年建立全国道路货运车辆公共监管与服务平台,实现货运车辆数据汇总、信息交互和第三方监管。

(3)城市公交相关监测。

截至2015年,住建部针对我国特大、大中城市等约100个城市(区)展开城市公交分担率数据采集。2014年北京市交通统计与监测平台一期启动运行,作为国内交通运输领域首个能耗数据智能化集成系统,平台的运作为政府重大节能减排政策措施提供决策支持。同年,北京市交通运行监测调度中心组织召开公共自行车运行监测专题研讨会,对市区公共自行车运行情况进行专题分析。

(4)环境相关监测。

为了贯彻国家建设"资源节约型、环境友好型社会"的基本国策,交通运输部决定在"十二五"期间组织实施一批环境保护重点建设项目,山西省、内蒙古自治区等多地积极响应,进行交通运输环境监测网络建设。

(5)舆情相关监测。

加强和改进新闻宣传、舆情监测、舆论引导工作,是行业发展的内在需求,也是适应舆论环境的现实需要。2014年,交通运输舆情监测与政务微博业务培训班由交通运输部政策研究室主办、中国交通报社承办。同年,广西壮族自治区沿海公路管理局展开并加强舆情监测。

6.2 主要作用与启示

6.2.1 主动适应“互联网+”以促进综合运输服务能力监测体系更加多元

采用综合交通运输大数据处理及应用技术，面向综合交通运输系统管理与服务需求，运用有效的信息技术手段和计算方法，开展综合交通运输大数据的采集、处理和应用技术研发，发现和提取综合交通大数据深度价值。此外，通过研发相关采集设备、处理中间件以及应用系统等产品并实现有效转化，为综合交通发展提供高附加值的应用和服务。推进现代物流关键技术和装备的研发、系统的开发以及“互联网+”高效物流新业态的发展，加快研发成果产业化和市场化，提升物流配送、装卸、仓储设施、库存控制等智能化水平，推动物流业降本增效，落实“互联网+”高效物流等部署要求。

6.2.2 积极推动监测全覆盖以促进综合运输服务运行更加安全平稳

通过新技术手段提升对于大规模出行方式的监测与分析，针对我国城市轨道交通运营的实际特点，开展轨道交通运营组织、应急指挥、智能决策、安全保障等方面技术和装备的研发及应用推广，能够有效提升运营组织效率、事故处理应急能力，预防事故发生，降低轨道交通运营风险。交通运输网络安全技术帮助落实国家关于提升交通网络安全的政策和技术要求，有效运用现代信息技术发展的新方式、新手段，开展交通网络基础设施和业务系统中突发网络安全事件监测预警和应急响应等关键软硬件的应用技术研发和系统开发，推进技术成果和产品的有效转化，提升交通运输网络安全技术防范能力和保障水平。

6.2.3 逐步构建“智慧交通”系统以促进综合运输服务更加人性智能

“智慧交通”系统运用先进的无线通信和新一代互联网等技术，实施车车、车路实时信息交互，并在采集与融合动态交通信息的基础上，实现营运车辆安全控制和道路协同管理，从而加速自动驾驶技术发展，提升交通安全水平和通行效率。城市交通出行服务，根据“互联网+”城市客运发展趋势与需求，运用现代信息技术，研发城市交通出行服务新模式、新技术、系统产品并进行应用推广，促进新业态、新模式与交通运输业的深度融合，规范新业态科学发展、持续发展。交通运输部共建高校——大连海事大学的水上智能交通实验室和辽宁省工程实验室的研究成果，包括电子海图生产系统、航标遥测遥控系统、船岸一体化移动智能终端、船岸一体化智能导航终端（ECS）、一体化智能船桥系统、智能航运一体化应用服务平台等，对于支撑水上智能交通系统、保障水上交通及信息安全具有重大的意义。

6.2.4 加大设施监测力度以促进运输服务设施建设、管理与维护更加科学

通过开展建筑信息模型(Building Information Modeling,BIM)技术研发和示范应用,建立适应国际化要求、适合我国国情的BIM应用技术、标准体系和支撑平台,加速推进BIM技术在行业中的应用,实现交通运输基础设施建设工程"规划、设计、施工、运营、维护"全寿命周期的数字化信息化建设和管理,大幅提升基础设施建设和管理水平。同时,加快路面新技术、新材料、新结构和新工艺的研发与应用,提高路面使用性能和耐久性,加强公路养护监测自动化、决策科学化、管理信息化,维护和提高路面性能,促进公路养护智能化系统、设备推广应用,延长公路使用寿命。

6.2.5 强化设备节能减排监测以促进综合运输服务更加生态环保

通过船舶节能减排新技术与液化天然气(Liquefied Natural Gas,LNG)等新能源技术在船舶中的应用,提高船舶的低碳清洁运行水平,开展港口绿色低碳运营技术和装备研发,提升港口运行的资源能源利用效率,降低污染物和温室气体排放,开展沿海及内河危险化学品运输泄漏事故应急处置技术及装备研发,提高事故预警与应急处置能力。

6.3 存在的主要问题

现有综合交通运输服务能力监测工作存在指标繁复庞杂、统计数据利用不完善、采集方式可靠性不足、大数据技术应用水平有限、数据整合能力有待提高等问题。

6.3.1 监测指标数量多内容杂

随着社会现代化水平的提升以及交通运输业的迅速发展,各种交通问题不断涌现。新技术的持续快速应用,使之不断有自动化程度越来越高的采集方式加入交通运输数据的采集过程中,导致指标种类及数据总量快速增长,统计负担持续加重,超出了现有的数据处理与分析的技术水平,造成已有数据无法得到有效利用。

6.3.2 相关统计数据利用不完善

大数据时代,数据呈现出总量大、种类繁多、处理操作复杂等新特点,这对新时代做好统计调查工作提出了更高要求,统计调查工作的方式方法也面临优化和革新。然而,目前尚未建立动态的、在线的数据质量把控和统计执行制度,且存在部门"数据孤岛"的现象,需要逐步建立以信息化为媒介、基于行政记录和多种信息来源的开放式、共享式数据采集制度,以更好地利用相关统计数据。

6.3.3 采集方式可靠性不足

目前,交通数据的采集方式以传统统计报表制度为主,以自动化数据采集(如高速公路交通量数据采集)为辅。传统统计报表制度在管理方式上采取以行政命令为主的模式,在执行手段上采取以逐级上报为主的模式。这种方式的最大问题在于基础数据收集、审核、汇总和上报过程中工作环节多、周期长,导致数据的准确性与及时性严重不足。随着自动化采集技术的发展,可以用凭借自动化技术采集到的数据来验证传统统计报表制度上报数据的准确性,从而弥补采集方式可靠性不足的劣势。

6.3.4 大数据技术应用水平有限

传统的智能交通系统中,数据的主要采集方式是利用光学检测器、摄像机等定点检测设备,实现静态交通探测,获得实时行车速度和出行情况等。近年来,移动互联网、大数据、云计算等新技术先后被提出,海量数据存储技术、无线通信技术、实时动态定位技术不断成熟,视频监控数据、GPS 数据、移动数据等动态数据取代静态检测数据,成为智能交通的重要数据来源。然而,目前采用的大数据技术,在处理上述智能交通数据来源带来的大量数据时仍存在许多困难与挑战,对于逐步成熟的大数据新技术的应用水平需要进一步提高。

6.3.5 数据整合能力有待提高

随着新技术的引入,数据来源渠道越来越丰富。多渠道、多来源获取数据会带来两大问题:一是数据真实性难以保证;二是数据间可能存在同质性,在分析过程中相互干扰,影响对有效信息的获取。目前,大数据技术应用范围很广,但应用水平并不高,仍然未能有效地解决上述问题。

第7章 大数据在综合运输服务领域的应用

7.1 国外交通运输行业大数据应用

国外交通运输行业大数据技术主要应用于公共交通管理，有利于预测市民出行规律，指导公交线路的设计、调整车辆密度等。其数据来源主要为对公交、地铁刷卡、停车收费站、信号灯、交通视频摄像头等信息的收集。利用收集的历史数据进行预测，实现对交通调度系统的指挥控制，及时梳理拥堵，有效缓解城市交通负担。

(1)英国。

以伦敦为例，伦敦将全市基础设施系统三维可视化，以减少重复施工；通过公交卡刷卡信息和社交网络数据分析市民出行行为和实时路况；利用闭路电视系统快速发现交通事故并发送拥堵提示；实时收集公用自行车位置信息，并开发多种相关手机应用，方便市民计划出行；基于开放数据众包开发450多款交通相关手机应用。

(2)法国。

以里昂为例，里昂政府为了避免交通堵塞的发生，减少堵车对市民的影响，应用IBM开发的“决策支持系统优化器”，根据相关数据做出决策，帮助应对解决意料之外的交通事故，并优化公共交通，通过及时调整信号灯使车流以最高效率运行；辅助处理突发事件；预测可能发生的拥堵情况。

(3)美国。

美国通过大数据的应用来解决交通拥堵问题。新泽西州在交通管理中采用了Inrix系统，该系统能够获取手机与GPS信号，提取其中的交通信息，为交通部门的决策提供参考。这些数据进行过专业的处理后，可以更好地掌握该地区的交通情况，并能够据此找出交通拥堵问题发生的具体路段来掌握道路交通状况；还能够通过大数据的应用来解决天气原因引发的交通问题。俄亥俄州的交通管理部门将大数据与云计算技术结合到一起，对道路交通情况进行实时统计，该州曾经遭遇暴风雪的严重袭击，州内主要道路的交通也因为大雪覆盖受到很大的影响，但交通管理部门通过大数据的应用，仅用了3

个小时就缓解了此次危机。在应对危机的过程中,俄亥俄州的交通管理部门利用Inrix系统收集到的交通信息,并结合相关的天气数据,及时掌握了清理州内主要道路所需的时间,为交通部门采取应对措施提供了的参考。马萨诸塞州的首府波士顿,研发出一款能够显示在哪些地方发生交通拥堵问题的App,用户在使用智能手机的过程中,能够应用重力原理使手机方向发生改变,该App可以感知到手机中的加速度计的细微改变,从而掌握各个街区的交通情况。这项技术也能够应用到路段改善过程中,降低工程的成本消耗。

7.2 国内交通运输行业大数据应用

科技改变着人类社会生活的方方面面。进入21世纪后,大数据技术在国内交通管理系统中的应用为解决城市交通问题发挥了重大作用,主要应用于公共交通管理、车辆管理、信息发布、交通规划、基于位置的服务(Location-Based Services,LBS)、出行、犯罪车辆预警和追查、城市规划、政策评估、物流配送、行业指数建立等多个方面。同时,各大城市积极建设数据共享开放平台,其数据来源主要为对运营车辆GPS、公交地铁刷卡、收费站、移动通信数据、信号灯、牌照识别、交通视频摄像头等信息的收集。结合实时数据和历史数据进行分析预测,实现对人口分布和出行特征的刻画;对交通调度系统的指挥控制,及时梳理拥堵,有效缓解城市交通负担;为民众提供出行指引;为城市规划、相关政策制定提供依据。本书从政府部门、科研机构及协会、企业以及联合应用四个方面,列举大数据在国内交通运输行业的应用情况。

7.2.1 政府部门

(1)上海市。

上海市利用用地遥感数据和房屋建筑量统计数据支持城市土地利用性质、开发强度分析,挖掘城市用地特征;利用移动通信数据分析人口、职住分布,通勤与潮汐交通等多种特征;利用牌照识别数据支撑入市境、中心城区快速路的车辆使用特征分析;利用高速公路收费流水数据支撑高速公路车辆使用特征分析;利用运营车辆GPS数据支撑对道路车辆运行速度、出租汽车和货车出行特征分析;利用轨道交通全网进站、出站闸机的刷卡数据刻画轨道交通系统客流;利用交通卡自动刷卡计费系统数据分析公共交通运行及乘客换乘特征;建立官方数据共享开放平台,吸引和推动创新创业。

(2)深圳市。

深圳市在城市交通方面,通过关联分析道路运行状况,评估停车政策试行效果,为收费道路选取、泊位施划、政策制定与调整提供参考依据;通过对雨天道路运行变化规律的监测分析,结合积水路段分布,研究雨天环境下的交通拥堵点空间分布,为市民出行服务、城市排水治理提供参考依据;制作城市重要通道拥堵时空图,提取演变规律,分析市民出行规律、识别交通堵点、预测交通状态;依托道路运行指数,结合多种城市道路运行大数据分析结果，联合媒体发布重大节假日出行预测与指引。在公共交通方面，分析公交地铁客流分布，区间满载率，接驳换乘服务水平；针对出租车和运输道路，有月营收分析、长途客运车违规载客分析、泥头车和出租车超速分析及 GPS 掉线事件空间分析。

(3)武汉市。

武汉市积极建设交通信息系统，立足政府决策、行业管理、交通研究、信息惠民四大服务，孵化武汉交通信息产业。建成基于出租车 GPS 数据的交通运行评价系统，接入覆盖武汉市全市范围的出租车运行 GPS 样本；基于改进的路径匹配算法，结合武汉市交通信息系统建设成果，得出道路拥堵指数，运用于道路交通运行状况实时发布、城市交通信息跟踪、制订节假日交通疏解方案、重大基础设施运营前后交通运行评估、道路交通管理政策实施效果分析、全市交通拥堵治理等方面。

7.2.2 科研机构及协会

武汉市交通发展战略研究院通过出租车运行 GPS 样本分析出租车及乘客出行特征、出租交通与土地利用情况，为当地出租车客流量分析、出租车政策制定提供依据。

北京交通大学交通系统科学与工程研究院基于滴滴出行海量数据对北京市道路交通运行状况进了订单 OD 分布规律、市域行程速度、局部区域行程速度、到达重要交通枢纽的行程速度、出行距离特性、节假日交通特性、季节性交通特性等进行分析，探讨网约车发展与北京道路交通拥堵之间的关系，以及提升北京市道路交通运行效率的对策。

7.2.3 企业

①高德积累海量交通出行数据，从交通出行者角度出发，以简单易懂的方式表达交通拥堵给出行者带来的时间成本，客观地从城市拥堵现状、呈现拥堵演变规律、预测未来发展趋势等多个维度反映城市的交通拥堵状况，并专注拥堵成因及解决对策的研究，力争做到精准、精细、精确，为公众交通出行、机构研究、政府决策提供有价值的理论参考依据；同时根据 App 用户行为，为用户画像，迎合其需求，从而进行更好的服务。

②腾讯的位置大数据平台提供位置流量趋势、区域热力图、人口迁徙图等功能服务。通过职住 OD 分析、市内用地类型分布、交通拥堵预测等几个方面为城市交通规划提供帮助。

③滴滴将机器学习应用到预计到达时间(Estimated Time of Arrival，ETA)问题上，找到解决 ETA 问题最有效的机器学习模型以及特征挖掘，实现了订单高效匹配和司机运力的最优调度。滴滴大数据支撑着 ETA、智能分单、拼车、供需预测、运力调度、热力图六大功能。

④京东大数据在自有电商平台有着广泛应用，将移动数据分析、用户属性标签、销售预测、精准营销运用到了仓储配送上。通过分析用户与订单数据，实现智能预测销量、精准配置库存、供应链智能协同管理。

⑤上海美慧融合手机移动信号、视频监控、WIFI 检测、蓝牙等多项数据，实现热点区域、户内与户外、地面与地下客流动态监控，进行职住分析、OD 调查分析、人口快照、区域监测、人口洞察、特定通道分析、外来人口分析、轨交客流分析，为城市的客流安全运行提供量化指标和技术依据，为城市规划、区域管理、交通规划提供决策依据。

7.2.4　联合应用

高德地图联合交通运输部科学研究院、清华大学-戴姆勒可持续交通研究中心、阿里云、清华同衡规划设计研究院、第一财经数据新媒体等权威数据机构，发布中国主要城市交通分析报告，根据高德地图用户海量交通出行大数据来分析说明城市拥堵情况，对不同城市、不同时段下各个城市拥堵情况和原因进行了分析和说明；针对特殊事件（如明星演唱会）等交通状况进行分析，对民众出行和民众行为进行指导；分析用户的驾驶行为，对交通安全的治理起到重要作用。此研究报告对于政府改善城市拥堵情况具有重要意义，同时，该报告还根据网民调查来分析群众对拥堵情况的感知度，对此后的政府治理方向具有指导意义。

深圳市综合交通运行指挥中心联合深圳市城市交通规划设计研究中心、百度地图，探索基于多元大数据融合的“道路运行指数系统”并将其运用在深圳市日常交通监管指挥中。

交通运输部采用政企合作模式，推出了综合交通出行大数据开放云平台“出行云”，出行数据开放、应用服务开放、决策支持服务三大核心功能使该平台成为出行领域数据开放应用的极佳实践。“出行云”提供了涵盖公共交通、出租汽车、城市道路、高速公路、航空、水路等多个专业的数据共享，同时提供了诸如城市管理、路网管理、公交管理、春运服务等多个领域的决策服务，用户可以便捷接入使用高速交通实时监测、城市交通实时监测与研判分析、出行通勤分析、人群热力分析、城市交通拥堵检测分析、智能公交信息系统、春运形势预测监测评估、人口迁徙分析等多种服务。此外，“出行云”还在车站乘客智能引流、全国春运服务调查分析、城市群一体化交通特征分析、交通大数据分析虚拟实验室等若干场景有应用创新。

由上述四个方面可以看出，大数据在我国交通运输行业有着较为广泛的应用，并且正不断蓬勃发展。

7.3　存在的主要问题

虽然大数据在交通运输领域的应用呈现出越来越多的形式，也发挥着越来越重要的作用，但仍存在以下三个方面的问题。

(1) 政府数据资源共享程度不高。

共享数据不够全面且不能保证是一手数据；数据资源管理分散，在交通运输部各部门下可以搜集到不同方向的数据，但难以统一得到所有数据；大数据的分析应用层次较低,没有对大数据进行深度挖掘与应用。这需要相关政府部门加强数据统筹,完善大数据体系,提升管理和服务水平。

(2)交通运输信息数据标准管理和总体规划存在不足。

现有交通信息标准编制管理主要采用自下而上模式,对于标准之间存在较少交叉的专用标准而言,该模式运行良好,但对于数据标准则不然。由于交通运输专业领域之间的数据表述存在交叉,在编制各专业领域数据标准时,除了本领域的数据表述外,不可避免地会涉及交叉领域的数据表述,尤其是当标准同时编制时,各编制组不了解对方的细节,则会产生标准不一致的问题。另外,由于各专业标准委员会所负责管理的交通运输专业领域划分不清,造成标准委员会工作业务范围的重叠。交通运输行业数据标准在总体规划方面尚缺乏成熟、公认的顶层设计,各业务领域各自为政,在较大程度上阻碍了数据标准的发展,给大范围的交通运输信息化工作和数据共享交换带来隐患,并且也给管理职能的明确划分带来问题。

(3)交通运输数据应用研究不足。

信息化的核心价值一方面在于效率,更重要的一方面在于效能。效能是多层面的,单个业务部门、省市级的业务领域、行业甚至国家,不同层面的效能具有不同的含义。效能的一个重要的体现方式在于决策支持能力的提高。虽然决策支持不属于数据规范方面的问题,但是,决策支持应是引导数据规范的重要动力之一,因为决策支持不仅需要本业务领域方面的数据,往往也需要其他相关方面的数据进行支撑,对数据的共享交换的程度和范围都提出很高的要求,因此,决策支持方面的研究和应用是推动数据规范工作的重要动力之一。在学术研究领域,对各类决策支持方法的研究较多,但是,由于数据的来源受限,绝大多数都是根据有限的数据进行的理论分析,随着交通信息化的深入开展,交通基础数据越来越多,这些决策支持方法和模型极少能被直接应用于现有系统中,形成标准化的决策支持方法。

为更好地将大数据应用与综合交通运输服务相结合,需要进行总体规划,交通信息数据标准总体规划研究应对内在联系较为紧密的数据标准系列,进行内容和层次上的规划。各单位在提出标准时应了解所提标准在体系中的内在层次,在编制时也应该很好地保持标准的一致性,即采用自上而下和自下而上相结合的方法。总体规划研究应包括以下四个核心内容:

①理顺各专业标准委员会之间的关系,依据标准体系表对标准的归口进行详细划分,建议建立信息化基础性标准工作组,协调各专业标准委员会之间的关系;

②明确基础标准和专业标准之间的内涵,梳理现有基础标准和专业标准,必要时进行修订,提炼跨专业领域的交通运输信息化基础标准,分离专业标准;

③对国家标准和行业标准的层次建立清晰的界限,避免出现系列混乱,造成其他行业在遵从交通运输数据标准时产生误解;

④根据各管理层次的职能和业务模型,包括国家层面、交通运输部、省级管理部门

和业务局等，理清各层次对交通运输数据的需求，建立交通运输数据定义的层次体系、数据存储体系和共享交换体系。

7.4 推动大数据在综合运输服务领域应用

大数据技术的战略意义不在于掌握了多少数据信息，而在于对这些含有意义的数据进行更为准确的挖掘和预测。随着海量交通数据的出现，大数据分析技术为智能交通发展带来新的机遇。大数据技术的存储能力和计算能力会更加合理地配置交通资源，更有效地支撑交通规划、管理、运营、服务以及安全，为公共安全和社会管理提供新的理念及手段。

将大数据应用到综合运输服务领域，就是将采集到的交通路网信息以及动态交通信息，利用可视化分析、数据挖掘技术对数据之间的关联性和相似性进行不同特征维度的分析和挖掘，将分析结果传达至管理者或使用者手中，提高交通管理部门、规划部门以及社会公众对路况、交通情况的感知能力，提高交通信息服务质量，实现交通智能化。

7.4.1 现阶段

现阶段，可以通过搜集互联网上与综合运输服务相关的信息，实现大数据在综合运输服务领域的应用，这些信息大多为新闻文本和其他文本信息，主要体现在市场景气和公众评议两个方面。

(1)市场景气。市场景气主要指对市场的监测和预警。

①监测。监测是指对综合交通运输市场目前的运行状态进行实时性评价，以发现交通运输市场运行的不正常之处及其成因，为运输主管部门和相关企业及时进行调控决策和优化调控措施提供依据，它描述的是交通运输市场目前的状态。

②预警。预警是指通过一系列指标和方法，对交通运输市场未来的演化趋势进行预期性评价，研究有无警情及警情程度如何，为提前进行决策和实施防范措施提供依据。

大数据预测是大数据最核心的应用，从预测的角度看，大数据预测结果不仅得到了处理现实业务简单、客观的结论，更能用于决策过程，收集起来的资料还可以被规划，引导开发更大的消费力量。

(2)公众评议。公众评议主要指公众网络舆情情感走向。网络舆情是社会舆情在网络中的映射，它是以互联网为基础，以公众意见的表达和政府作为管理者的行为为基本内容，以政府、公众、网络媒体为三方主要参与者，围绕社会中具体事件的发展过程而相互博弈的过程。现今网络舆情的热点和焦点一般是社会突发事件，因为这些事件一方面与部分公众切身利益相关，一方面也确实吸引眼球。公众依据各自的价值观、想法，通过网络媒体发表自己的意见。但网络舆情不应限于仅仅是社会突发公共事件，因为平时日常生活中的任何事情，只要是关系到公众切身利益的，如果没有得到有效的纾解，都有可能发酵成为网络热点事件,进而对政府的公信力造成影响。政府可以借鉴企业应用大数据的成功经验,用新的思路和方法来对网络舆情进行管理。网民作为网络社会的主要参与方,是政府网络舆情管理的主要对象,而网民群体中对网络舆情起关键作用的一部分人群,就是政府需要管理的目标群体,抓住目标群体这个关键矛盾,同时运用大数据理念分析目标群体,制订针对目标群体的网络舆情管理方案,以迎合并引导目标群体的需求和诉求,主动改变目前网络舆情管理的方式,这是大数据时代网络舆情管理的新思路。

7.4.2 未来趋势

就大数据在综合运输服务领域的长远应用来看,整合各系统多渠道、格式不一致的数据信息,建立统一的视频、图形、图像接入平台,在这些数据信息的基础上,抽取、集成以及进行深度的分析,获取可用的信息和知识是十分必要的。同时,需要针对交通系统中移动式交通数据参数的范围波动大、交通数据间断性缺失等问题,采用数据集成技术、决策支持与专家数学模型的有关理论和技术,对交通量、拥堵趋势、交通事件等进行具体分析。要做到将大数据技术充分应用在综合运输服务领域,就需要构建一套能够包含不同实时数据系统的综合运输系统。不同的实时数据系统如汽车导航系统、交通信号控制系统和全球定位系统等,同时与停车引导和信息系统、天气信息系统等相结合,实现车与车、人与车在任何时间、任何地点的联接,然后通过如基于 IPv6 的交通信息采集系统等系统来采集数据信息,分析交通行为和状态,融合多系统的信息做出决策,同时快速响应突发事件,这大大加快了实时数据采集的频率,提高了交通行为预测的精度,为交通管理和服务提供事实依据。如利用信息采集系统采集路网交通状态信息、车辆位置信息、突发事故信息等,为交通指挥中心和驾驶人提供信息交流及数据分析,保证行车路线的合理分配和控制交通流。

既有的一些综合交通数据分析系统存在许多缺点,如无法充分利用交通数据、容易忽略交通数据的潜在价值、难以及时获取路况信息等。随着社会的不断发展,迫切需要高速的数据挖掘分析方法对交通数据进行实时可靠的分析,为出行人提供实时的交通信息,为交管部门提供信息支撑服务。

未来,交通运输行业管理部门可以从四个方面来推动大数据在综合运输服务领域的应用:

①建设统一的管理思想和体系,如明确政府角色、在重点领域管理上顺应市场发展形势;

②明确管理体制分工,做到“责权利”相统一,减少和消除责任交叉现象;

③完善交通运输服务体制,解决不同交通方式间的矛盾、交通发展过程中的供需矛盾、交通与资源环境的矛盾等问题;

④健全外部监督机制,完善交通运输投资体制。

政府可以以开放交通数据市场为起点和依托,建立起市场机制,充分融合交通大数据资源,整合政府的云计算平台,建立一个技术先进、安全可靠、开通便捷的孵化技术平台,打造交通大数据产业并推进产业发展。

提升篇

推动综合运输服务能力提升的中国方案

当前，面对世界日新月异的科技发展和全球一体化带来的产业转换及贸易体系重构，我国交通运输业正处于一个史无前例的变革阶段，要推进交通大国向交通强国转变，综合运输服务是重中之重，应充分结合新时期我国经济社会发展、文化进步、技术创新等因素，以满足人民日益增长的美好生活需要为根本目的，以需求为导向牵引资源整合和要素升级，率先推动综合运输服务品质提升。力争到2035年，基本形成“全国123出行交通圈”（都市区1小时通勤、城市群2小时通达、全国主要城市3小时覆盖）和“全球123快货物流圈”（国内1天送达、周边国家2天送达、全球主要城市3天送达），旅客联程运输便捷顺畅，货物多式联运高效经济，运输服务新业态新模式快速发展，交通运输与旅游等深度融合，综合运输服务安全可靠、绿色发展水平进一步提升。综合运输服务体系全面适应人民日益增长的美好生活需要，有力保障国家安全，坚实支撑我国基本实现社会主义现代化。

第8章 形势及需求分析

8.1 发展形势及要求

8.1.1 新时代综合运输服务的新使命

党的十九大立足新时代新征程,作出了建设交通强国的重大战略决策,这是以习近平同志为核心的党中央对交通运输事业发展阶段特点和规律的深刻把握,是全国人民对交通运输工作的殷切期望,也是新时代全体交通人为之奋斗的新使命。

(1)打造现代化综合运输服务体系,有效支撑现代化强国建设。

党的十九大报告提出了到21世纪中叶全面建成社会主义现代化强国的宏伟目标。建设交通强国,是全面建设社会主义现代化强国的一部分,也是先行领域和战略支撑。加快建设交通强国,打造现代化综合运输服务体系,能有效支撑制造强国、贸易强国、海洋强国、科技强国等具体强国目标实现,为全面建成社会主义现代化强国提供有力支撑。在"一带一路"建设的大格局下,加快综合运输服务体系建设,将为推动形成陆上、海上、天上、网上四位一体的设施联通,更好地促进沿线各国政策沟通、贸易畅通、资金融通、民心相通,以及为构建人类命运共同体提供坚强的交通运输保障。

(2)推动综合运输服务高质量发展,有力支撑现代化经济体系建设。

我国经济已由高速增长阶段转向高质量发展阶段,建设现代化经济体系是我国发展的战略目标。综合运输服务一头连着生产,一头连着消费,是实体经济的重要一环,是现代化经济体系的重要支撑。推动综合运输服务高质量发展,有利于深化供给侧结构性改革,提高供给体系质量和效率;有利于打造现代供应链,支撑现代化经济体系建设。特别是当前,互联网、人工智能、新能源等新技术加快推广应用,网约车、共享单车、无车无船承运等新业态竞相涌现,加快综合运输服务更好更优发展,有利于在创新引领、绿色低碳、共享经济等领域培育新增长点,增强经济发展新动能。

(3)提升综合运输服务能力和水平,全面支撑交通强国建设。

提升综合运输服务能力和水平,要牢牢把握高质量发展这个根本要求,把准方向、找准重点、精准发力,推动综合运输服务发展质量变革、效率变革、动力变革,以改革、创新、开放为动力,提高运输供应链综合效率,改善综合运输服务发展质量;着力服务人民、服务大局、服务基层,在满足人民需求中永葆生命力,在服务大局中抓住机遇、加快发展,在服务基层中强基固本、行稳致远;建设人民满意交通,提供更加安全、便捷、高效、绿色、经济的综合运输服务,增强人民群众的获得感、幸福感、安全感;推进交通运输现代化国际化发展,打造开放融合、共治共享、文明守信的现代交通。

8.1.2 新时代综合运输服务的新要求

进入新时代,我国社会主要矛盾已经转化为人民日益增长的美好生活需要和不平衡不充分发展之间的矛盾,这要求交通运输逐步由“规模速度型”向“质量效率型”转变。从综合运输服务来看,人民群众对普惠均等、安全便捷、高效可靠、公平正义等方面的服务需求更趋强烈,个性化、多样化、高品质需求同步释放。基于我国综合运输服务面临的新形势,未来将以更快、更经济和融合发展为导向,着力提供更加安全、便捷、高效、绿色、经济的综合运输服务,加快构建现代化综合交通运输体系,充分发挥各种运输方式的比较优势和组合效率,全面提升综合运输服务的现代化发展水平。

(1)加快综合运输服务效率变革,实现交通更快速更便捷。

我国经济快速发展伴随着客货运量增长以及结构变化,根据发达国家经验,从工业化、城镇化的经济发展角度来看,我国客运需求总量将继续保持上升态势,但速度逐渐趋于平稳。同时,随着工业化的发展,第三产业比重增加,产业结构逐步升级,分工进一步细化,产生了对生产性服务业的大量需求,客运结构将向高端出行方式倾斜,催生出更多商务出行需求,尤其是对航空、高铁等快速、高服务质量的客运出行有更明显的促进作用。同时,我国工业结构正跨入以加工组装工业为中心的高加工度化阶段,工业的发展从数量扩张为主转向以素质提高为主,因此,未来将会对客运速度、舒适度以及运输方式间的联程运输提出更高要求。

对于货物运输来讲,我国经济发展进入新常态,经济增长速度由高速增长转向中高速增长,货运量将继续保持上升趋势,但速度逐渐趋于平稳。同时,我国产业结构正处于快速调整期,伴随着产业结构的优化调整,将呈现重化工比重下降、新型制造业比重上升态势,远距离及大批量能源和矿产原材料货运量、生产型货运需求增长逐步放缓,社会消费品和工业制成品消耗将快速增长,生活性货运需求增长势头依旧持续,因此,未来也将会对货运的时效性、货物多式联运等提出更高要求。

(2)促进综合运输服务降本增效,实现运输更经济更高效。

我国供给侧结构性改革将是今后一段时期工作的主线,降本增效主要通过制度改革、完善运输网络、优化资源配置等方式实现。“一带一路”互联互通开放通道、“京津冀协同发展的一体化网络”“长江经济带综合立体交通走廊”“新型城镇化的城际城市交通建设”等宏观规划，保障了交通运输网络的完善。2022 年，国家发展和改革委员会印发《国家公路网规划》提出国家公路网规划总规模约 46.1 万公里，由国家高速公路网和普通国道网组成，其中国家高速公路约 16.2 万公里（含远景展望线约 0.8 万公里），普通国道约 29.9 万公里。《中长期铁路网规划》（2016—2025）提出，到 2025 年，铁路网规模达到 17.5 万公里左右，其中高速铁路约 3.8 万公里，网络覆盖进一步扩大，路网结构更加优化，同时提出要构建“八横八纵”为主通道，区域连接线衔接、城际铁路补充的高速铁路网，以及普通铁路网，实现区际多路畅通、省会高铁连通、城市快速通达、县域基本覆盖。《全国民用运输机场布局规划》提出，到 2020 年，运输机场数量达 260 个左右，2025 年，民用运输机场达 320 个左右。到 2030 年，我国将基本形成较为完善的高速公路网、高速铁路网、民航运输网。

同时，综合交通枢纽布局完善，保障了客货运枢纽场站集约化发展。各个场站间通过信息共享等手段进行有效衔接，建成新一代智能化旅客联程运输和货物多式联运系统，实现全程一站式、客运一票制、货运一单制服务，提升联运效率。提升交通运输技术装备水平，减少货物换装作业，降低成本，提高运输效率。

（3）拓展综合运输服务功能，实现交通与其他业态融合发展。

伴随着经济发展水平的提高，人民收入水平也呈现较快增长，以消费主导的经济增长新格局的形成正成为一个大趋势。与过去消费结构相比，城乡居民消费结构正在由物质型消费向服务型消费、由传统消费向新型消费升级，这种消费结构的升级，使得消费理念、消费模式向多样化、个性化转变。城乡居民对出行费用的承受能力越来越强，各种满足精神需要、自我价值实现、追求生活质量的消费需求将快速增长，这对客货运输服务的高质量、多样化、个性化提出了新要求。我国的社会消费品零售总额增速一直快于 GDP 增速，使得更多货物需要运输至零散消费末端，货物运输将呈现高价值、分散性、小批量的需求特征。

同时，随着我国城镇化率逐步提升，未来，我国将以若干的城市群为主体，在城市区域内，以通勤、商务、旅游、务工、探亲等为出行目的的旅行次数将逐渐增多，对城市群内客运系统的服务功能拓展提出了新要求。对于货运来讲，城镇化率的提升，使得交通运输模式呈现宏观聚集、微观分散，在城市群与城市群之间实现货物流量流向集中聚集，而城市群内货物配送将呈现分散趋势，这种由辐射状向网状分布转变，则对运输服务的功能性、便利性、多样性提出了新要求。

（4）推动综合运输服务低碳发展，强化绿色交通建设。

控制温室气体排放是全球应对气候变化的一项长期战略任务。我国已做出两阶段实现“双碳目标”的承诺，明确要求把“双碳目标”纳入经济社会发展全局，以经济社会发展全面绿色转型为引领，以能源绿色低碳发展为关键，加快形成节约资源和保护环境的产业结构、生产方式、生活方式、空间格局，坚定不移地走生态优先、绿色低碳的高质量发展道路。

交通运输是碳排放重点行业，未来一段时间交通运输需求仍将保持持续增长，行业减排降碳压力与日俱增，但与此同时，新能源汽车等新技术、多式联运及网络货运等先进组织模式也为综合运输服务减排降碳提供了有利条件。未来，综合运输服务将按照国家要求，加快转型升级，通过知识、技术、治理等方式来提高增长效率，全面向绿色低碳、高质量发展转型，新能源技术装备加快普及，客货运输结构将更趋合理，运输组织效率进一步提升，绿色出行体系加快形成。

8.2 发展趋势及特征

8.2.1 总体发展趋势

未来交通运输改革发展的内外部环境和阶段需求发生了深刻变化，综合运输服务将进入以结构调整、转型升级、提质增效为主要特征的发展阶段，呈现出新的发展趋势。

(1)综合运输市场。

未来综合运输服务将以市场化和法治化为导向，逐步形成统一开放、竞争有序的综合运输服务市场体系。

①法规制度标准逐步完善，依法治理基础进一步确立。综合运输服务法律、行政法规体系将逐步健全，综合运输服务标准体系日趋完善，国家标准、行业标准、地方标准、企业标准及团体标准协调发展。

②运输市场壁垒逐步消除，资源配置效率稳步提升。随着简政放权力度的加大，公平开放、统一透明的运输市场规则逐步建立，阻碍旅客联程运输、货物多式联运以及企业规模化、网络化发展的制度和政策得到清理，促进了运输资源的有序流动。

③重点领域改革不断深入。随着改革的不断深入，铁路运输逐渐融入联程联运服务，道路客运企业拥有更多的经营自主权，无车承运人等运输组织加快发展。公益性服务定价调价机制逐步建立，运输服务竞争性环节价格逐步放开，形成不同运输方式间合理比价关系。

④市场监管逐步强化。运输服务过程监管得到加强，运输企业、从业人员信用信息收集和整理制度逐步完善，综合运输服务市场运行监测体系逐步建立，运输安全生产、重点物资运输、节假日旅客运输、应急保障运输以及从业人员稳定等重点环节的风险逐步降低。

(2)综合运输通道。

为适应国家综合运输大通道建设要求，通道集约化组织潜能逐步释放，通道内各种运输方式服务结构进一步优化，各种运输方式运量实现合理分担。

①通道内运输组织网络进一步优化。通道内不同运输方式线网结构逐步优化，不

同运输方式间的衔接更加有效,融合更加高效。各种运输方式节点体系逐步形成,区域间、干支间、城乡间运输网络无缝衔接。综合运输枢纽对各种运输线网的集约组织和优化配置功能进一步体现。

②通道运输组织模式创新发展。旅客联程运输、货物多式联运、客运“节点运输+接驳运输”、甩挂运输等集约高效运输组织模式进一步发展。公路客运班车代运快件试点和快件甩挂运输方式稳妥推进。公路运输与其他运输方式的服务衔接更加完善,“最先和最后一公里”的物流服务更加高效。

③通道联运服务系统逐步构建。欧亚大陆桥沿线主要枢纽节点的联运服务能力逐步提升,综合立体交通走廊运输组织效能得到进一步发挥。依托城市群的航空货运枢纽及铁路集装箱中心站、邮政快递分拨中心布局进一步完善,空陆联运、铁路驮背运输逐步发展。

④通道运行协同管控。跨方式、跨部门、跨区域的通道运输服务协调联动机制进一步建立,逐步形成覆盖全国主要综合运输通道的客货流监测监控体系,及时评估通道运输服务能力。通道内联动联合执法、信息开放共享、互联互通机制逐步建立,运输一体化统筹调度加强。

(3)综合运输枢纽。

综合运输枢纽设施功能进一步完善,服务行为更加规范,服务品质逐步提升。综合运输枢纽体系以客运“零距离换乘”、货运“无缝化衔接”目标,努力实现标准更加统一、功能更加融合、运营更加规范、服务更加高效。

①综合运输枢纽服务规范化。综合运输枢纽协同管理日趋完善,枢纽服务规范化水平不断提升。运输方式间的交通标志指引、标识管理逐步完善。

②综合客运枢纽多元化服务功能。综合客运枢纽人性化、便捷化服务能力逐步提升。不同运输方式运行时刻衔接、枢纽接驳服务不断优化。枢纽内拓展餐饮、购物等多元化便民服务功能。

③综合货运枢纽集约化。货运枢纽(物流园区)多式联运基础设施不断完善,铁路货运站场向综合货运枢纽和物流服务中心转型升级,港口物流产业链不断延伸。货运枢纽(物流园区)与区域内产业互动,与保税、临港(站)物流园区和工业园区的经济融合,内陆“无水港”等内陆货运场站快速发展。

(4)旅客运输系统。

以公共客运为主导,城际、城市、城乡客运协调发展,公共客运结构调整,客运服务均等化、便捷化、多样化服务水平逐步提升。

①旅客联程运输进一步发展。跨运输方式的客运联程系统逐步形成,电子客票、联网售票、实名制购票逐步普及,旅客出行一次购票、无缝衔接、全程服务。跨方式出行信息互联互通、及时发布、实时更新、便捷查询。

②高品质的城际客运系统逐步建立。城际客运结构逐步优化,促进了城际旅客捷

运系统运量合理分担，形成高速、特快、快速、普速合理匹配的多层次铁路客运产品体系。大容量、快速捷运系统不断发展，航空运输服务能力与服务品质稳步提高。

③多层次的城市客运服务体系日趋完善。城市公共交通优先发展战略的实施，推动了城市轨道交通和城市快速公交系统合理发展，提高了公交出行分担率，缓解了城市交通拥堵，方便群众日常出行。公共自行车的推广，改善了城市步行和自行车出行环境。出租汽车服务科学定位，移动互联网与出租汽车行业的融合创新，构建了巡游出租汽车、网络预约出租汽车等多样化服务体系，满足群众高品质、差异化的出行需求。

④城乡客运服务一体化发展。城市公交线路向郊区延伸，扩大了公共交通覆盖面。市郊列车的开行，实现了市区、市郊、城际以及长大干线轨道交通间合理分工、有机衔接。农村客运通达深度和覆盖面逐渐加大，镇村公交不断发展，城乡基本公共服务逐步均等化。

(5)货运物流体系。

多式联运、甩挂运输的发展在整合资源、降本增效、节能减排等方面贡献巨大，传统货运业转型升级，先进运输生产方式不断发展，物流市场主体结构逐步优化，交通运输在物流业发展中的基础和主体作用进一步发挥。

①多式联运加快发展。多式联运作为综合运输服务体系建设的主导战略，逐步形成设施高效衔接、枢纽快速转运、信息互联共享、装备标准专业、服务一体对接的多式联运组织体系，以集装箱、半挂车为标准运载单元的铁水、公铁、公水、陆空等联运模式有序发展。多式联运经营人管理制度不断完善，全程服务逐步规范化。设施设备标准化、专业化水平逐步提高。

②甩挂运输全面发展。随着公路甩挂运输推进工程的实施，跨区域甩挂、企业联盟甩挂、网络型甩挂、邮(快)件甩挂、干线运输与城市配送衔接甩挂等主题性模式加快发展。相关法规政策和技术标准逐步完善。

③城乡配送协调发展。城乡配送跨部门协同工作机制逐步完善，城乡统一配送、集中配送、共同配送等集约化组织模式不断发展。农村“货运班线”、农村客运班车利用货舱承接小件快运等服务模式逐步推广，随着城乡交通运输一体化推进行动的实施，客货并举、资源整合、服务模式创新将有序实现。

④货运企业转型发展。国家鼓励企业通过参股控股、兼并重组、协作联盟等方式做大做强，推动形成一批技术水平先进、组织集约高效、核心竞争力强的大型现代物流企业。传统货运企业与其他产业联动发展、跨界融合。轻资产平台型物流企业逐步发展，逐渐向无车承运人、无船承运人、货运经纪人等经营主体转型。

⑤专业物流创新发展。危险品运输逐步实现跨区域联网联控，全程无隙监管。冷链运输全程温控相关技术标准和服务规范逐步完善。跨省联合审批机制进一步优化。邮政收寄投递、全程时限、跟踪查询等服务能力进一步提升，公共配送站和终端投递点有序推广，智能快件箱的应用，大幅提升揽收、分拣、运输、投递等环节的自动化、信息化

水平。

(6)运输装备技术。

标准化运载单元进一步推广普及,道路货运车型标准化,节能环保客运车辆不断推广应用,特种、专业运输装备技术标准体系逐步完善,多式联运装备产业集群发展,运输装备的现代化水平稳步提升。

①多式联运技术装备逐步发展。运载单元和托盘向标准化、集装化方向发展,集装化单元装载机具以及大型转运吊装设备、非吊装式换装设备普及应用。多式联运装备成套技术快速研发和推广,与国际运输装备技术标准的对接逐渐加强。

②货运车型逐步标准化。货运车型标准体系逐步形成,标准化车型将广泛应用。营运车辆检测逐步实现"多检合一"及"结果互认"的工作机制。厢式化、模块化、轻量化等先进车型进一步发展。货运车辆产品一致性评价与信息采集、分析及反馈处理工作机制逐步建立。

③专业运输装备技术升级。具有自主知识产权的铁路动车组技术标准体系不断完善,高铁装备逐渐"走出去"开拓国际市场。铁路货车逐渐适应重载、快捷、集装箱、邮(快)件、半挂车和特种运输需要。农村客运车辆向中、高级发展,城市公共交通车辆进一步向大容量、低地板、空调车、无障碍化方向发展。专用运输车辆投放比例加大,民航装备水平稳步提升,国产大飞机投入运行,全货机规模有序扩大。

④运输装备节能环保。国家鼓励发展节能环保车船,严格道路运输车辆燃料消耗量限值管理,引导老旧车辆、船舶提前退出运输市场。清洁能源运输装备和机械设备持续推广。以城市公交、出租汽车、城市物流配送和邮政快递等领域为重点,发展纯电动汽车。绿色维修技术和管理体系逐步健全。

(7)国际运输。

围绕服务国家"一带一路"发展战略,基础设施互联互通、运输更加便利化,深化对外交流与合作,运输服务"引进来""走出去"能力和水平进一步提高。

①集装箱国际班列协调发展。随着跨省域、跨部门联席会议制度的确立,逐步形成"统一品牌标识、统一运输组织、统一全程价格、统一服务标准、统一协调平台"的中欧班列国际物流品牌。国际市场的进一步开拓,海外网点的增设,与国外企业合作的加强,以及境外经营网络的完善,将扩大境外揽货能力。随着与上下游产业互动合作,境外集装箱分拨和转运能力的加强,"门到门"国际运输服务将逐步实现。

②国际运输互联互通网络逐步完善。丝绸之路经济带国际运输走廊逐步形成,国际道路运输进一步发展,具有综合物流功能的国际陆港不断发展,跨境运输组织新模式将进一步探索。

③陆路口岸通行便利化。与国际通用运输法律法规和技术标准的对接,将逐步消除跨境运输制度性障碍。运输管理、边检、海关、检验检疫一体化与"一站式"的陆路口岸通关模式逐步建立。国际道路运输管理与服务信息系统建设将促进陆路口岸信息资

源交互共享。

④国际航空航运市场不断拓展。国际航空运输开放政策的深入研究，有利于国际航线优化设置、国内机场集团“走出去”。航运服务企业与国际专业服务机构合作的深化，将提高国际竞争力，增强国际话语权和影响力。

(8)从业人员。

运输从业人员服务意识、专业素养和业务能力逐步提升，从业人员趋向遵纪守法、爱岗敬业、服务规范、形象文明、诚实守信。

①从业人员教育培训进一步加强。运输服务从业人员职业教育培训工作体系逐步完善，重点提高高级专业技术人员、中青年业务技术骨干的创新能力，形成一批高层次专业技术人才和科技领军人才。以改善知识结构、提升岗位技能为目的的职业培训进一步加强，以提高一线劳动者技能水平和综合职业素养。

②从业人员资格管理进一步强化。从业人员考试、注册、继续教育、诚信考核、证件管理等资源进一步整合，驾驶证信息、从业人员信息、交通违法信息逐步实现动态更新与交互共享。从业资格证件趋于电子化，道路运输行业职业数据库和职业信息网逐步开放化。港口危险品从业人员管理制度逐步完善。

(9)安全保障。

运输安全生产管理体系以及相关法规制度逐步完善，全过程、全方位、精细化的安全管理长效机制逐步建立，安全管理水平稳步提升。

①安全生产主体责任不断强化。企业安全生产规章制度逐步完善，企业安全生产的监督检查逐步加强，企业安全生产隐患排查治理主体责任进一步强化，安全生产趋于标准化、规范化。

②安全运行监管能力进一步强化。综合运输服务安全监管体系逐步完善，车辆动态监管进一步加强，系统运行信息实时管控和综合应用水平稳步提升。城市轨道交通、水上安全监管能力不断完善。治安联动、违禁品联防、信息共享、应急处置等联合监管进一步推广。

③安全生产基础支撑逐步强化。综合运输服务领域安全生产法规和标准规范不断完善，安全风险防控体系，健全安全风险辨识、评估、预防控制等制度逐步建立。运输服务领域重要环节、关键部位安全设施设备投入不断加大，安全监督管理装备器材配备逐步加强。

④应急保障能力进一步提高。运输服务应急预案体系逐步完善，一体化应急指挥系统逐步形成。城市公共交通应急预案不断完善，城市轨道交通等重点领域应急处置能力进一步提升。大面积航班、高铁延误以及铁路重点物资运输迟滞等预警机制逐步健全，协同应急预案不断完善，综合运输服务整体应急处置能力逐步提高。

(10)信息化智能化。

移动互联网时代的“指尖消费”需求，促使交通运输服务行业充分利用社会力量和市场机制，以整合资源、开放共享为重点，以要素移动、泛在互联、全面感知、便捷交互为目标，加快运输服务领域众创、众包、众扶、众筹发展，推动“互联网+”与运输服务融合发展。

①智慧运输服务“一点通”。各种运输方式智能信息系统逐步完善，客运服务逐步走向智慧化。综合运输服务“移动政务”平台建设的发展，使得政务公共信息向全社会开放，政务微博、微信服务水平进一步提升。港口服务趋于全流程自动化、智能化，港口物流效率和智能化水平进一步提升。

②公众出行支付“一卡通”。交通一卡通清分结算平台的建设以及装备改造升级，为实现支付业务的跨区域清分结算打下基础。交通一卡通在出租汽车、长途客运、城际轨道、水上客运、公共自行车及停车服务等领域的应用逐步开展，小额支付、移动支付等服务功能相继拓展。

③公共信息服务“一网通”。综合运输服务领域政府数据逐步向社会开放，政府信息系统和公共数据进一步互联共享。利用国家交通运输物流公共信息平台，实现不同运输方式间票务系统信息交换共享，旅客联程运输票务一体化服务进一步发展；各种货运方式以及海关、检验检疫等信息资源得到整合，多式联运基础信息进一步互联共享。

④政务管理服务“一站通”。基于一个门户网站的“一站式”网上政务大厅和行政审批运行模式逐步建立。运输行政管理更加集中、透明、便民、高效，方便社会监督。跨方式、跨部门、跨区域信息互查与诚信共管进一步形成。综合运输服务能力与运行动态监测分析进一步加强，研究各种服务指数以评价综合运输服务能力和水平。

(11)产业联动。

综合运输服务与前后向、上下游关联紧密产业的协同联动，逐步形成“综合运输服务+”跨界融合发展新格局，要素更有序流动、资源更高效配置、市场更深度交互。

①综合运输服务与制造业联动发展。运输装备改造升级，以先进轨道交通装备、节能与新能源汽车、高技术船舶以及标准化运载单元和货运车辆、多式联运转运设备等为重点，逐步形成一批具有较强国际竞争力的运输装备制造跨国公司和产业集群。通过建立供应链战略合作关系，物流业将与制造业相关标准对接、资源交互、信息共享。

②综合运输服务与流通业联动发展。便捷高效的综合运输服务体系和顺达通畅的城乡物流网络逐步形成，以支撑内贸流通创新发展。运输企业逐步拓展业务，为商贸流通发展提供仓储、加工、运输、配送等一体化的物流运输服务。国家交通运输物流公共信息平台与重点商贸流通信息系统有效对接的加强，将实现互联互通和资源共享。邮政快递业与电子商务深度融合，以实现海量订单管理、碎片化需求管理以及快速分拨、精准配送等功能。

③综合运输服务与旅游业联动发展。交通运输与旅游行业间信息共享不断加强，主要旅游景区公共客运基础设施进一步完善，“快进慢游”的便捷运输服务系统逐步建立。旅游客运企业趋于规模化、集约化、公司化、网络化经营。旅游客运流量的预测及跟

踪技术稳步提升,旅游运输突发事件应急处置能力大幅增强。

④综合运输服务与农业联动发展。资源集约、服务便民的农村公共客运基础设施逐步完善。全国农产品市场体系逐步形成,农村电子商务快速发展,快递企业与农业、供销、商贸企业的合作加强,逐步形成"工业品下乡"和"农产品进城"双向流通渠道,服务产地直销、订单生产等农业生产新模式。

8.2.2 重点领域发展趋势

(1)城市交通。

近年来,随着我国城市化进程的推进和机动车数量的快速增长,城市道路交通量不断增加,各种交通问题凸显:交通拥堵成为影响大城市居民出行的首要问题,交通事故数量呈上升趋势,机动车尾气污染成为城市大气污染的主要来源,这些交通问题给经济发展造成了巨大损失。2015 年 4 月,荷兰交通导航服务商 TomTom 发布了全球拥堵城市排名,在全球最拥堵 100 个城市中,中国大陆有 21 个城市上榜,其中北京位列全球最拥堵城市第 15 名。

新一代信息技术的快速发展,有助于城市交通领域实现资源配置优化能力、公共决策能力、行业管理能力、公众服务能力的提升,推动交通运输更安全、更高效、更便捷、更经济、更环保、更舒适的运行和发展,带动交通运输相关产业转型升级。

①城市居民出行将保持持续稳定增长。由于城市化进程加快,大批劳动力离开农村进入城市,使得城市居民出行总量稳定增加。同时,随着人民生活水平的提高,人们的消费和出行观念将发生改变,在生产性出行增加的同时,与外界的交流日益增加,导致城市居民出行持续增长。

②交通供给能力扩张仍是城市交通发展的重点。从我国城市的交通发展过程来看,城市交通基础设施建设并不能满足快速增长的交通需求,未来我国城市交通发展重点仍将是城市交通供给能力的扩张,并着重加强城市道路网和公共交通等基础设施建设。

③互联网思维深度渗透融合。全国政协十二届二次会议提出制定"互联网 +"行动计划,意味着"互联网 +"正式上升为国家战略,互联网将同交通行业深度渗透融合。随着城市非涉密数据逐步开放,大数据背后的潜在价值将充分挖掘,出行者将获得更为智能和便利的交通信息服务。电子商务与智能交通将逐步融合,使得人们的出行体验与购物、消费等服务结合在一起。

④绿色交通成为城市交通发展新底色。加快推进绿色循环低碳交通运输发展,是加快转变交通运输发展方式、推进交通运输现代化的一项艰巨而紧迫的战略任务。随着科学技术的不断创新、国家政策的强力支持,绿色交通将成为城市交通发展的新底色,节能减排将成为关键词。大力发展车联网,提高车辆运行效率;重视智能汽车的发展,提升车辆智能化水平,加强车辆的智能化管理;积极采用混合动力电动汽车、替代燃

油车等节能环保型营运车辆；构建绿色“慢行交通”系统，提高公共交通和非机动化出行的吸引力；构建绿色交通技术体系，促进客货运输市场的电子化、网络化，提高运输效率，降低能源消耗，实现技术性节能减排。

⑤新兴技术应用更加普及。未来，智能公路、智能航道、智能铁路、智能民航、智能车辆、智能货物、智能场站等将快速发展，管理者能够对交通基础设施、运输装备、场站设备等的技术运行情况和外部环境更加全面、及时、准确掌握。面对增长迅速的海量数据，在云计算、大数据等技术支撑的保障下，未来的交通管理系统将具备强大的存储能力、快速的计算能力以及科学的分析能力，系统模拟现实世界和预测判断的能力更加出色，能够从海量数据中快速、准确提取高价值信息，为管理决策人员提供应需而变的解决方案，交通管理的预见性、主动性、及时性、协同性、合理性将大幅提升。随着移动互联网、智能移动终端的大范围应用，信息服务向个性化、定制化发展。信息服务系统与交通要素的信息交互更加频繁，系统对用户的需求跟踪、识别更加及时准确，能够为用户提供交通出行或货物运输的全过程规划、实时导航和票务服务，基于位置的信息服务和主动推送式服务水平大大改善。

(2)轨道交通。

近年来，我国城轨系统的发展速度、建设规模均位居世界第一，截至2022年12月31日，31个省(自治区、直辖市)和新疆生产建设兵团共有53个城市开通运营城市轨道交通线路290条，运营里程9584公里、车站5609座，是世界上城轨交通运营里程最长的国家，其中，地铁运营线路占线路总长的近80%。同时，我国也在加大对轻轨、有轨电车、跨座式单轨、市域铁路等其他城轨制式的关注度和研发力度，众多三四线城市转向选择建设运营成本低、建设周期短的中低运量单轨交通系统。城轨制式从过去地铁占绝对多数、单一化的发展，初步实现了因地制宜、多制式协调的多元化发展态势。未来，中国轨道交通市场将凭借其万亿级的市场规模，长期占据全球最大轨道交通市场的地位，其巨大的市场机遇也必将继续吸引来自全球轨道交通参与者的高度关注和积极投入。

我国高度重视轨道交通装备产业发展，将先进轨道交通装备列入中国制造2025的十大重点领域，加快突破发展。过去十余年，我国经历了大规模、快速的铁路与城市轨道交通发展进程，近年来，我国城市轨道交通正在向着规模化、结构网络化、制式多样化、装备智能化等方向发展。

①制式多样化。在超大城市、特大城市的中心区域采用大运量的地铁；在中心城区与卫星城之间、卫星城相互之间，以及郊区和旅游区采用中运量的单轨、磁悬浮和现代有轨电车等制式的城市轨道交通；在城市群中的中心城市与卫星城之间，以及各卫星城之间，采用市域铁路及城际铁路，在全国各中心城市以及各城市群之间通过高速铁路网络连接，多层级、大规模的网络化轨道交通系统正在快速建立。同时，近两年，中运量轨道交通系统涌现出了“云轨”“智轨”“空轨”“中低速磁浮”等多种新的轨道交通制式，并

且出现多家新的参与者进入轨道交通领域。

②运营信息化。我国轨道交通领域正迎来一波信息化智能化的浪潮，除了传统的参与者，如中兴、华为等在通信领域的更新换代以外，阿里巴巴（支付宝）、百度、腾讯等网络科技公司凭借其大数据和互联网金融方面的优势，积极进入轨道交通领域，手机扫描支付、人脸识别等新技术已经开始在国内多个城市迅速铺开，这些高科技企业将会对轨道交通行业产生颠覆性影响。

③装备智能化。从2015年起，工信部牵头开展了首台套重大技术装备保险补偿机制的试点工作。将轨道交通装备纳入首台套重大技术装备推广应用指导目录，由保险公司针对装备特殊风险制定综合险。目前，对轨道交通信号系统、实时视频监控系统、有轨电车、磁浮综合轨道检测车等多个轨道交通项目予以支持。同时按照中国制造2025的五大工程部署，组织实施了智能制造专项，针对装备工业、消费品工业等传统制造业，推进智能化改造，推广数字化技术、系统集成技术、智能制造成套装备开展新模式试点示范，提高传统制造业设计、制造、工艺、管理的水平，推动生产方式向柔性、智能、精细化的转变。

④城市轨道向城际轨道拓展。在经济特别发达的一些地区，如珠三角、长三角、京津冀地区，城市轨道交通开始向城际轨道交通领域拓展，这三个地区都在以城市轨道交通的理念编制城际轨道交通发展建设规划，为城市轨道交通发展拓展更广阔的发展空间。

（3）共享汽车。

汽车共享作为一种新型的绿色出行方式，不再注重车辆的所有权，而是注重其使用权，是将私家车公共化的一种新的商业模式，可以解决城市交通拥堵问题。世界上最早的汽车共享组织出现于瑞士的苏黎世，后来在瑞士、德国、美国、日本、法国等西方国家得到广泛发展，近几年来在我国城市也开始出现。目前，我国城市汽车共享在发展中还存在法律问题、信任问题，低价竞争问题，但其发展有一定的社会环境、政策环境和市场潜力，具有良好的发展前景。

①共享汽车需求不断增加。近年来，随着我国城市的机动化发展，私家车数量增长迅速，带来了严重的交通拥堵问题。私家车主的停车需求不断高涨，尤其在市区中心地段，停车场的规划数量和建设速度远远赶不上小汽车的增长速度，导致停车位严重短缺，停车难已成为当前我国城市一个亟待解决的问题。随着我国城市汽车数量持续高速增长，必将进一步激化行人、非机动车与机动车争夺道路的矛盾，车辆增长过快与道路、停车场等设施不完善的矛盾。解决交通拥堵问题已经成为政府管理的一个重要课题。汽车共享这种新的出行方式，增加了车辆的使用效率，提高了道路的通行能力，是一种有效的解决办法。

②政策法规不断完善。2015年7月，国务院发布了《国务院关于积极推进“互联网+”行动的指导意见》。该意见提出：注重车辆的使用权，提高车辆的使用效率。党的十八届五中全会明确提出要“发展分享经济”，分享经济已正式列入党和国家的战略规划。

汽车共享属于分享经济中的一种，也获得了政府的大力支持。在2016年的一次国务院常务会议上，针对小排量汽车和新能源汽车发展的议题，国务院明确表示鼓励分时租赁、汽车共享等新的商业模式。地方政府也相继出台了推动共享汽车发展的利好政策。随着移动信息技术的快速发展和国家"互联网+"发展战略的实施，基于移动互联网和物联网技术的汽车共享服务将在未来迎来蓬勃发展。

③共享汽车的市场潜力逐步释放。我国是人口大国，人口总量和经济水平决定了共享汽车的巨大发展潜力。目前，大多数汽车共享企业仍处于起步阶段，尚未形成一定规模。北京、上海、广州等一线城市居住人口多、出行需求大，已成为各汽车共享公司争相布局的主要目标。但由于政策限制，北京、上海等城市的车辆号牌资源越发紧张，二线城市逐渐成为各大共享汽车企业争夺的主战场。南京、郑州、杭州、武汉等城市相继出现共享汽车。据环球车享估计，2030年我国新车年度总销量将达到4000万辆，其中，共享汽车占30%，届时汽车共享行业将达到8000亿元的市场规模。

(4)危货运输。

我国已经成为世界化学品的第一生产大国，危险货物种类繁多、产量巨大。5000余种常用化工原料，由于产销分布不均，95%以上需要异地运输，这使得我国危险货物运输量巨大，总体危险货物运输量约为16亿吨，并以每年10%左右的速度持续增长，其中，50%以上是通过道路运输，危险货物道路运输在促进经济社会发展，提高我们生活质量的同时，由于潜在的危险性，也对人类的安全、健康以及我们赖以生存的环境产生了严峻挑战。近年来，我国危险货物道路运输管理持续加强，安全形势持续向好，但问题依然严峻，事故频发、多发的势头没有得到根本性的遏制。因此，相对于其他货物而言，危险货物运输对于运输的安全要求更高，也对交通运输行业从业者、管理者提出了更高的要求。

①市场准入门槛提高。目前《道路危险货物运输管理规定》对于从事危险货物运输的企业、车辆、人员等都有明确要求。未来基于危险货物运输具有的高风险性，要减少事故的发生概率，提高行业抗风险能力，必须从源头开始抓起，提高危险货物运输市场的门槛，只允许高标准、高质量的运输企业、人才、车辆进入，严把准入关，增强行业的竞争力。

②信息化加强，技术手段贯穿全链条。从管理层面而言，危险货物运输管理部门和参与部门众多，运输过程动态变化，传统的人工管理手段已难以很好地实现有效管理，要保证运输的安全，必须采用信息化的技术手段，建立危险货物运输管理信息系统，实现实时化、动态化、全过程的管理；从企业运营层面而言，目前正在试点的危险货物道路运输电子运单管理系统，包含有危险货物从内陆起运地开始运输的道路运输电子运单信息，可实现危货企业电子运单填报跟踪管理等功能，未来，电子运单将在全国得到进一步推广。

③联合执法，逐渐形成监管合力。危险货物道路运输涉及管理部门众多，需要将危

险货物道路运输在危险货物分类、包装、托运、运输、应急、车辆管理等不同的环节进行切块管理。目前,部门之间管理职责、管理标准和管理制度等差异较大,难以形成合力,"信息孤岛"现象严重。任何一个环节的信息无法及时获取,都将对危险货物道路运输全过程的安全监管带来"管理盲区",难以实现管理效能最大化。危险货物运输的联合监管已成为未来的发展趋势,各个相关管理部门要逐渐形成监管合力,共享管理资源和管理信息,共同推动监管工作。

④专业化需求旺盛,行业知识库逐步完善。危险货物道路运输专业性强,涉及危险货物分类鉴定、包装容器、专用车辆技术、应急救援等多门学科的专业知识,目前,危货运输企业和从业人员缺少专业化、权威性的途径查询各种危货的危险性、储运要求、应急处置、防护措施等,特别是当运输途中发生紧急安全事故时,有效的应急处置方法的查询需求非常迫切。未来,亟须利用技术手段整合跨部门、跨行业的危险货物道路运输专业知识,为行业管理部门、运输企业、从业人员,以及其他社会公众提供"一站式"专业知识查询服务,提高服务能力。

(5)冷链物流。

当前,我国冷链物流发展速度较快,对城乡居民消费升级的支撑作用日益增强,冷链物流市场未来巨大的增长空间也吸引了大量的资本,除了投入到冷链产品制造、生鲜进出口贸易、生鲜电商、制冷设备等方面外,第三方冷链物流、生鲜电商、冷链园区、冷藏设施等细分市场也成了投资热点。

①冷链物流服务需求越发旺盛。网络零售和便利店增长迅速,丰富的品类及便利性也推动了线上生鲜消费的发展,我国2022年生鲜电商交易规模为5601.4亿元,同比增长20.25%,占城镇居民食品消费支出的25.8%。生鲜电商带动城市配送发展,共同配送需求大;此外,居民对鲜食、速食的需求也促进了线下便利店快速发展,这些需求端的发展变化都将对冷链物流提出高品质、多样化的服务要求。

②冷链物流基础设施网逐步完善。近年来,我国冷链物流行业持续稳定增长,冷链基础设施设备也随之增长较快,2022年,我国冷库总保有量超过6309万吨,同比增长7.3%,冷藏车保有量超过36.9万辆,位居世界第三位。但相比较发达国家,我国冷库容量、公路冷藏车保温车保有量、铁路冷藏车供给依然严重不足,在冷链运输基础设施领域应将进一步完善。

③多种运输方式进一步有效衔接。近年来,我国冷链运输主要以公路运输为主,多式联运比例较低,铁、水、航运输量不足20%。随着生鲜电商、跨境食品贸易等市场的崛起,铁路、航运、航空等冷链运输方式将逐步发挥更大的优势,海铁联运、公铁联运等多式联运模式也将在冷链运输市场中扮演更重要的角色。同时,随着我国信息化技术的全面覆盖、冷链物流运输平台信息共享不断加强,有利于多种运输方式的有效衔接。

④新技术推动冷链的新业态将不断涌现。随着生鲜电商、冷链宅配等发展,我国利用互联网、大数据、人工智能等先进的技术,从单一配送逐步转向以第三方配送为主的

共同配送发展,与欧洲90%、美国70%、日本50%的冷链共同配送比例相比,我国冷链共同配送比例仅为10%,冷链共同配送还拥有很大的发展空间。同时,目前我国约90%以上的冷藏运输车辆还没有配备具有温控监测功能的GPS实时定位监控信息系统,但随着冷链物流设施设备技术不断提升,电动冷藏车、冷链包装、社区微仓等新技术和新模式的不断创新,将促使冷链行业企业不断创新,新业态不断涌现。

⑤冷链物流行业竞争走向规范化。从2013年开始,《药品经营质量管理规范》(GSP)中将运输环节纳入质量监管范畴,但在食品行业,目前还未建立起一套能监控保障食品从生产、包装、储存、运输到销售全过程质量状况的完整体系。随着消费者对食品安全问题不断重视,行业协会或第三方认证机构能够通过互联网技术对全国范围内的冷库、冷藏车、冷藏保温设备进行温度、服务等认证服务,消费者也愿意为之付出合理溢价,加强整个社会对冷链的监督,能够使冷链物流行业实现良币去除劣币,促进公平竞争,逐步走向规范化发展。

8.2.3 客货运需求特征

(1)客运需求特征。

①客运需求量将继续保持快速增长。未来,我国将处于城镇化中后期阶段,该阶段是城镇化快速发展时期,也是城市群加快形成时期,大量农村人口进入城市,无论是生活或生产出行,其强度和规模都呈不断增强趋势,大量潜在客运需求量将会得到释放。同时受宏观政策影响,在国家降低经济增长和城镇化率的步伐,提高经济和城镇化发展质量的背景下,会对客运需求产生一定负面影响。

②城市、城际客运需求快速增加。从城市空间结构和人口分布来看,城镇化一方面引发人口快速集聚,城市人口不断膨胀,带来巨大的城市交通需求;另一方面,城镇化促进区域经济发展,加快城市群、城市圈、城市带和中心城市的发展。未来我国将形成五大国家级城市群和若干个区域性城市群,城市群将成为城镇化的重要载体,城市群内不同城市之间的联系进一步加强,商贸活动和人员交流更加频繁,城际交通需求更加旺盛。

③高铁、民航客运需求将进一步增加。随着高速铁路网络基本建成,高铁的网络化效应将进一步诱增新的客运需求;航空网络、机场将进一步加密和优化,航空客运需求也将快速增长。预计未来高铁、民航将成为中长距离旅客出行的首要选择,一方面中长距离既有和诱增客流量将会大幅度增加;另一方面其他运输方式的客流量将有很大部分转移到这两种运输方式上,特别是普通列车、长途大巴客车等。

④私人交通需求将进一步释放。居民收入水平的不断提高,为私人拥有小汽车奠定了物质基础,与此同时,居民消费结构的升级、居住和生活方式的变化也推动了人们对于私人小汽车这种个性化、机动、灵活的交通方式的需求,从而使私人交通需求呈现加快增长的趋势。截至2022年,我国千人汽车保有量225辆,而全世界范围内,主要发达国家千人汽车保有量超过500辆。因此,我国汽车保有量上升空间较大,私人汽车交

通需求将进一步释放，特别是农村地区，小汽车拥有量将大幅提高。

（2）货运需求特征。

①货运需求仍将保持快速增长，但增速将会放缓。未来我国将进入工业化后期阶段，该时期货物需求仍然会有较快增长，但增长幅度明显低于工业化中期阶段。我国在保持一定经济增长速度的同时将会更加注重经济发展的质量，GDP的增长速度将会适时调低，这将会对货运需求产生较大影响，导致货运需求发展趋势放缓。预计近期，由于我国工业化发展的不均衡，产业承接转移力度不断加强，大量货物运输需求将由东部沿海地区向中西部地区转移，货运需求仍将保持一定速度增长。随着产业结构进一步调整，区域经济发展更加协调和均衡，我国进入深度工业化后期阶段，按照工业化发展的普遍规律来看，货运需求增长速度将进一步放缓，对方便、及时、快速等运输质量将有更高要求。

②能源、原材料等大宗散货仍然是运输的主要货类，但高附加值产品运输需求将会大幅增加。由于我国工业化发展的区域不平衡，虽然东部地区已经进入工业化后期阶段，但中西部地区仍然处于工业化中期阶段，对能源、原材料等需求仍然十分旺盛。在未来我国能源资源分布和生产力布局不会有太大变化的背景下，自西向东、由北往南的能源资源调运现象仍将长期存在，大宗散货作为运输的主要货类，地位不会发生根本改变。但随着我国居民消费结构的不断升级，消费总量的快速增长，由此带动一般消费品运输需求持续快速增长，同时，为满足居民日益增长的消费需求，工业结构的"高加工度化"和技术密集型产业的发展将生产出更多的高附加值产品，高附加值产品在货运量中所占的比重不断提高。

③货物不同运输方式分担率比例基本保持不变，预计铁路货物运输比重将会有所上升。运输结构作为各种运输方式参与市场竞争的结果，受到多种因素影响，包括各种运输方式固有的技术经济比较优势、各种运输方式的发展和市场竞争策略、国家宏观交通运输政策等。2005年以后，公路货运量、周转量均大幅度增加，但周转量的增长幅度明显大于货运量，说明公路运输距离在不断增加，这与公路承担了大量应由铁路完成的大宗散货运输有密切关系，也是除经济形势下滑以外造成铁路货运需求下降的主要原因之一。未来，各种运输方式的合理运输关系将会形成，铁路货运运输比重将会出现缓慢上升趋势，公路货运需求比重将保持现状或略有升高，而水路运输、航空运输、管道运输比重将会保持稳定或下降趋势。

第 9 章
综合运输服务能力提升路径

面对新机遇、新挑战,推动我国综合运输服务能力提升应围绕若干关键问题,加快推动运输发展方式从追求速度规模向更加注重质量效益转变,运输组织方式从相对独立发展向一体融合发展转变,运输发展动力从传统要素驱动向创新驱动转变,运输产业形态从传统业态为主向新旧业态融合转变,运输服务产品从供给适应需求向需求牵引供给、供给创造需求的更高水平动态平衡转变,以推动实现综合运输服务安全、便捷、高效、绿色、经济发展。

9.1　补齐基础设施建设短板

"十三五"时期以来,我国交通基础设施条件显著提升,综合运输线网设施逐步成网,综合运输枢纽建设加快推进,为综合运输服务能力的提升奠定了坚实基础,但仍然存在基础设施融合发展不完善问题,如跨运输方式、跨区域基础设施的统筹规划和建设协调不足,客货枢纽场站集疏运效率低,"连而不畅""邻而不接"和"最后一公里"等问题仍较突出,港口、物流园区和大型工矿企业铁路专用线建设滞后,集疏运体系不完善,影响了多式联运的高效开展。为更好地补齐我国交通基础设施建设短板,提升我国综合运输服务能力,应重点从三个方面推进。

(1)打造互联互通的交通基础设施。

建设多层级的复合通道,形成综合运输大通道,构建满足运游融合发展,支撑城市群一体化发展的交通网络。完善城际间交界区域的基础设施衔接,加强区域旅游运输通道、产业园区通道等建设。对接全面推进乡村振兴战略,实现共同富裕,补齐部分地区交通基础设施短板,增强交通基础设施对地方经济的带动能力。大力推进铁路通道建设,提升铁路干线服务能力,并同步规划建设铁路货场和集疏港铁路,加快形成以集装箱中心站、铁路货场为节点的海铁联运基础设施。

(2)增强综合客运枢纽的联运功能。

以构建现代综合交通运输体系为契机,按照"统一规划、一体建设、同步运营、立体开发"原则,积极打造"标准统一、功能融合、运营规范、服务高效"的综合客运枢纽,通过综合客运枢纽这一高效率旅客集散平台，有效推进旅客“零距离”联程运输。对尚未设置汽车客运站的机场、火车站，积极推进道路客运配套服务功能建设；推进设置在汽车客运站、火车站的城市候机楼建设，推进依托城市候机楼的空巴旅客联运发展。对新建综合客运枢纽，加强联程运输专用通道的规划建设，为一次安检提供便利；对新建汽车客运站、火车站，符合旅客联程运输条件的，开展候机楼规划建设；对新建火车站、机场，加强客运班线停车场地的规划建设。

(3)完善资源共享的货运枢纽体系。

稳步推进国家物流枢纽建设，加快完善综合货运枢纽体系。打造城市群枢纽节点体系网络，形成城市、城乡、城际等不同层次的枢纽体系。推进铁路集装箱中心站、铁路物流基地等多式联运型物流园区建设，并积极向社会物流企业开放。加快推进公路港、零担快运分拨中心等道路货运枢纽规划建设，不断完善多式联运、快速转运、甩挂作业、仓储配送等运输组织和服务功能。因地制宜科学规划道路货运车辆专用停车位、临时停车位和装卸点。推进具有干支衔接、共同配送功能的大型货运枢纽和城市物流中心建设，布局完善城市应急物资中转调运站。以县级物流中心和乡镇运输服务站为重点、村级节点为延伸，加快补齐农村物流设施短板。

9.2 推动运输服务融合发展

近年来，各地在推进运输服务融合发展方面开展了大量工作，也取得了一定成效，同时也存在一些突出问题，如融合协同发展的管理体制机制不健全，旅客联程联运和货物多式联运发展中表现为中转衔接服务不顺畅、信息资源共享不充足；融合发展的规划政策不完善，各种方式的法规标准不衔接，行业运输服务标准之间仍然缺乏协调性，无法支撑协同融合发展的需要。为更好地有序解决存在的问题，进一步推动运输服务融合发展，应在五个方面重点加强。

(1)大力推动旅客联程运输服务。

以“一票到底、无缝换乘、便捷舒适”为目标，着力构建以旅客出行体验为核心的出行服务体系。丰富空铁联运、公铁联运、空公联运等运输服务产品。以综合客运枢纽为重点，优化运营组织模式，加强铁路、公路、水路、民航及城市交通等不同运输方式和组织方式在安检互认、行李直挂、便捷换乘等方面的有效衔接和协调联动。促进跨运输方式客运信息互联互通，进一步健全公路水路客运班次信息、铁路旅客列车运行信息、民航航班信息共享机制，实现班次(车次、航班、船次)座位信息、旅客身份信息、车(航、船)运行状态、行李状态信息等信息深度互通共享。积极培育跨方式出行服务经营主体，打造多方式合作、多企业参与的联程联运体系，充分发挥运输方式的组合效率、集约效益和整体效能。

(2)大力发展货物多式联运。

建立国家层面的管理协调机制，强化不同运输方式之间法规制度的相互衔接与协调，加快服务规则的有效衔接，并通过持续推动多式联运专项工作，推动多式联运发展向纵深推进。培育专业化的多式联运经营主体，支持骨干企业统筹协调资源，改进多式联运市场化经营机制，鼓励港口、铁路、船公司、货主或货代等市场主体之间通过合资合作、承包经营等方式参与联运业务。推动铁路、公路、水路、航空以及海关、市场监管等信息交互共享，加快构建形成以政府公共信息服务为基础、企业间互联应用为主体的多式联运信息服务体系。

(3)加强城市群及城乡运输服务一体化。

优化京津冀、长三角、粤港澳大湾区、成渝地区双城经济圈等重点城市群运输服务网络，推进城市轨道交通、道路客运、城市公交、城际铁路之间的衔接融合发展，构建分工协作、设施互联、服务一体、信息共享的运输服务“一张网”，在城市群、都市圈具备条件的城市间推广市域(郊)铁路和城际道路客运公交化运营模式，推进都市圈中心城市轨道交通适当向周边城市(镇)延伸。支持乡村振兴和加快农业农村现代化，有序推动城市公交线路向乡村延伸和农村客运班线公交化改造，全面提升城乡客运的服务水平。探索“一点多能、一网多用、深度融合”的城乡运输发展新模式，充分发挥交通、发改、农村农业、商务、供销、邮政等部门和行业的资源优势，推进地方政府牵头加快建立“资源整合、多业融合、跨区合作、多部门合力”的农村运输服务体系。

(4)推动运游深度融合发展。

围绕服务一体化，发挥不同运输方式的组合效率和比较优势，构建无缝衔接的运游融合网络布局，完善多层次的旅游客运网络，强化综合交通运输体系与旅游资源有机衔接。围绕产品多样化，打造种类丰富的运游融合供给体系，推动运输与旅游产业链、供应链、服务链一体化整合，网络化发展，系统化集成，同时进一步拓展乡村运游服务链条，将“四好农村路”建设成果与乡村旅游发展有机结合。

(5)深挖“运输+产业”发展潜力。

推动运输服务与农业联动发展，适应现代农业发展要求和乡村振兴建设需要，探索建立以便捷交通为引导的农村社区空间布局、现代农业产业体系发展模式，推动形成“三农”发展新格局。推动运输服务与制造业联动发展，强化技术与组织改造，把物流服务融合到生产供应链各个环节，满足制造企业定制化生产、精准供应链管理以及产供销一体的物流需求。适应智能制造的需要，推进智慧物流服务，统筹规划制造业集聚区配套物流服务体系，引导物流企业完善智能货运与物流系统，促进物流业与制造业相关标准对接、资源交互、信息共享。

9.3 优化调整运输服务结构

结构性问题是制约我国综合运输服务能力提升的关键问题之一。在客运方面，省际道路客运班线结构不优，未充分发挥与铁路、民航的协同优势；传统“车进站、人归点”

的道路客运模式已经不能有效满足人民群众的出行需求；农村客运长效稳定发展机制尚未有效建立；城市公共交通分担率有待提高，服务的可靠性、吸引力有待提升等。在货运方面，经过三年的运输结构调整专项行动，虽然已取得一定成效，但结构依然不够合理，主要原因是结构调整主要依靠行政手段，尚未形成以合理比价关系为核心的市场长效发展机制。未来，优化调整运输服务结构应在四个方面重点推进。

（1）深化客运服务结构调整。

在大区域范围，形成铁路、民航为主，公路为辅的客运服务结构。逐步退出与“6 轴 7 廊 8 通道”国家综合立体交通网主骨架相重合的超长距离省际道路客运班线，有序引导 800 公里以上道路客运班线逐步退出市场。在综合立体交通网尚未覆盖的区域继续承担长距离运输功能，填补综合交通运输网络覆盖“盲区”。在区域和城市群范围内进一步优化城际道路客运网络布局，提供更为个性化、定制化的客运服务，形成城际轨道为骨架、公路为辅的客运服务结构。在城市内部与城乡范围，提升公共交通的效率，形成城乡公交为主体、道路客运为辅的客运服务结构。

（2）积极推动道路货运服务结构优化。

结合不同方式的运输成本与运输性能，在大区域范围、长距离运输中，形成水路、铁路、公路、航空多方式协同运输格局。推动大宗货物和中长途货物运输“公转铁”“公转水”，形成以铁路运输、海洋运输、水路运输为主，公路为辅的货物联运结构。在综合运输大通道和重要廊道充分发挥铁路运输运力优势，形成以铁路运输为主，水路运输、公路运输为辅的货运结构。在市域范围内，增加城市绿色货运配送车辆的投入规模，扩大新能源及清洁能源配送车辆的路权优势，形成以绿色配送为主，传统配送为辅的货运结构。完善铁路场站周边道路运输网络，鼓励超大城市和特大城市构建“外集内配、绿色联运”的公铁联运城市配送新体系。

（3）深化重点领域改革，优化营商环境。

落实国际道路货物运输、机动车驾驶员培训、机动车维修、汽车租赁经营备案制改革以及道路客运站经营许可实行告知承诺制等规定。研究推动普通货物运输经营许可、经营国内船舶管理业务审批告知承诺制改革。以安全绿色发展为导向，研究优化道路货运行业准入条件，合理调整市场结构，防止市场过度无序竞争。全面实施运输服务市场准入负面清单制度，健全完善统一的运输规则、制度、标准，优先保障与统一运输市场相关的法规制度建设，建立高标准市场体系。

（4）正视道路货运从业主体民生问题。

随着道路货运转移到铁路运输、水路运输，切实关注传统道路货运司机转型生存问题。引导司机群体积极融入互联网道路货运平台，化解道路货运缩小后的车货匹配问题。以货运行业环保、安全等法规标准和货运行业规范管理，引导广大货车司机公平竞争、合法经营。继续推进“司机之家”建设，为司机群体创造良好的生存环境。协调部分司机自有车辆的转移、处置难题，推动从业人员相关转业技能培训工作。

9.4 加强运输组织模式创新

当前，我国运输组织创新不足、服务不规范等问题还比较突出，与人民群众的客货运需求与期待，仍然有较大提升空间。例如，传统道路客运企业受高铁、民航、网约车、私家车增多等影响，生存压力较大，企业创新意愿较强，但创新能力相对较弱；货运经营主体小、散、乱、弱，导致货运行业缺少议价能力和融资能力，更缺失创新的能力和技术；基于“无车承运人”试点工作的网络货运平台等先进的供需匹配模式尚在起步阶段，部分省份对网络货运的内涵与本质认识存在误解，片面追求数量，造成不公平竞争；智能视频监控等主动安全防范新技术、新产品安装应用程度低。为了深入推进运输组织模式创新，进一步化解不便捷、不高效的组织模式掣肘，应在四个方面重点推进。

(1)城际与城乡出行模式创新。

鼓励并规范定制客运模式发展，探索研究更加开放的定制客运政策，加强道路客运与机场、高铁站间的无缝衔接，发展城市候机楼、高铁无轨站、接驳线路。推动农村客运组织模式创新，鼓励农村客运经营主体统筹各类农村运输资源，推动农村客运与邮政、供销、快递、物流、电商、旅游相关产业融合化发展；有序推动城市公交线路向郊区延伸和农村客运班线公交化改造。鼓励汽车客运站在保障运输服务基本功能的前提下开展综合开发利用，打造集道路客运与旅游集散、商贸、物流快递等功能为一体的综合型客运站。

(2)城市出行模式创新。

发展交通运输新业态运营新模式，聚焦网络预约出租汽车、互联网租赁自行车、小微型客车分时租赁等重点领域，发挥“互联网＋交通运输”融合优势，不断完善线上运力配置和维护，创新运输组织模式，促进交通运输新业态发展。推动城市公交运输组织智能化发展，搭建城市公交大数据分析平台，对各类公交出行数据进行有效管理和使用，运用大数据技术优化配置公交运力资源，实现智能动态排班、灵活设置线路，提高公交运营效率。发展因地制宜的公交运输组织模式，因地制宜组织运营快速公交，提高主要客运交通走廊乘客运送能力，组织微循环公交，提供“最后一公里”的公共交通解决方案。创新城市轨道交通运输组织模式，根据客流量和乘客出行特征，因地制宜推行城市轨道交通“快慢车”“直达车”“跨线直通运营”等灵活运输模式，提升城市轨道交通服务能力。

(3)干线货运多式联运模式创新。

培育多式联运经营主体，加快培育有能力提供跨运输方式服务并承担全程货物运输责任的多式联运经营人，推动组建跨区域、跨方式、跨行业的企业集群式联盟，搭建多式联运经营主体发展壮大的孵化平台。大力推广集装箱多式联运，鼓励铁路部门拓展集装箱运输业务，推广集装箱“五定班列”和客车化运营模式；推进铁路、港口等散货改集装箱运输的“散改集”技术装备与组织流程创新。引导公路运输企业紧密对接铁路、水路集装箱运输的接取送达业务，对服务于铁路和港口集装箱集散分拨的“集卡车”，给予便利通行的政策支持。积极开展以半挂车为标准运载单元的铁路驮背运输试点示范；依托沿海和主要内河航道大力发展半挂车公水滚装运输。大力推广公路甩挂运输，积极探索发展双挂汽车列车，研究推动与周边国家间跨境甩挂运输，加快推进甩挂作业与驮背运输、滚装运输在设施、装备、服务等方面的无缝衔接。依托邮政快递业务，加快推进空陆联运发展，打造一批航空货运专业化枢纽，有序扩大全货机运力规模，引导航空货运落地配送服务创新“卡车航班”无缝对接运营模式。

(4)末端配送组织模式创新。

发展多种形式的集约化城市配送模式，健全配送网络，发展共同配送，创新末端配送，推行“统仓统配”“多仓共配”等仓配一体化模式；强化配送平台功能整合，统筹配送供给资源，发展共同配送、统一配送、集中配送、夜间配送、分时段配送等多种形式的集约化配送。创新城乡物流集约化配送模式，形成“场站共享、服务同网、货运集中、信息互通”的城乡物流一体化服务，实现区域内农村配送物品同网、同仓、同车、同配。深入宣传推广农村物流服务品牌，整合利用商贸、交通、邮政、供销等系统资源，重点发展共享共用的配送中心、末端综合服务网点和自助提货设施。积极拓展城市配送、农村物流领域网络货运平台，大力发展“互联网＋城市货运配送”“网络货运平台＋农村物流”服务模式，充分发挥信息化、智能化在城市货运配送领域的支撑作用。推动物流企业信息平台的搭建，实现物流企业之间信息资源协调共享，实现线下实体网络和线上平台网络协同联动、一体化运营，促进供需精准对接。

9.5 促进道路货运转型升级

道路货运行业是国民经济发展的基础性服务业，是交通运输行业中规模最大、从业人员最多、市场化程度最高、与百姓生产生活密切相关的子行业，是综合运输服务提升的重要组成部分。改革开放40余年来，道路货运行业在支持国民经济发展、服务人民生活、繁荣物流市场、促进社会就业方面发挥了巨大作用，但也不可避免地积累了不少问题，如市场主体小散弱、低水平同质化竞争激烈、车型标准化程度低、货车司机从业环境恶劣等。近年来，随着“互联网＋”战略推进和金融资本入场，带来了道路货运行业的深刻变革，平台经济迅猛发展，汇聚了数以百万计的用户和社会零散运力，逐步扭转了道路货运市场长期以来分散经营的发展格局，但与此同时也对传统道路货运企业产生极大冲击，引发了市场利益格局的巨大变化，加剧了市场的低价竞争，影响了众多企业和货车司机的利益，为综合运输服务能力提升带来隐患。当前，我国道路货运行业正处于转型升级的关键窗口期，在新形势下，必须以长远的眼光，以高质量发展的核心要义为引领，立足道路货运行业的比较优势，领悟新要求、把脉新需求、正视新问题，着力调结构、补短板、提质效、增动能、强服务、优环境，推进道路货运行业转型升级和高质量发展。

(1)打造绿色智能的技术装备体系。

研究组织开展双挂汽车列车试运行，修订完善货运车辆相关法规和技术标准。持续深入推进高速公路差异化收费，对于标准化、模块化、轻量化厢式半挂车、双挂汽车列车、集装箱运输车辆给予政策优惠。鼓励发展带托运输和托盘、周转箱循环共用。加快公路沿线、物流园区等充电、加气配套设施建设，推广智能换电模式，加快新能源重载货车应用。修订相关国家标准，将冷藏箱制冷及温度监测设备性能要求纳入车辆年检年审。研究完善新能源城市配送车辆相关支持政策，大幅提升新能源城市配送车辆应用比例。依托港口、物流园区等环境相对封闭的区域，组织开展自动驾驶载货示范应用。

(2)创新高效集约的运输组织体系。

大力发展社会化甩挂运输，积极推广多式联运型、干支衔接型和企业联盟型等甩挂模式。鼓励零担货运企业通过加盟连锁等方式，统一品牌标识、运输组织和服务标准。创新"互联网+"货运新业态组织模式，推进货源、车辆、站场等零散资源整合。引导零担专线资源有序整合，加快健全零担快运服务网络，创新"高时效、直达化、门到门"便捷服务。完善城乡物流配送体系，推广城市共同配送、农村客货同网、交邮融合等集约化配送模式。持续推进运输结构调整工作。充分发挥行业协会作用，引导个体经营业户抱团合作、自律发展，增强谈判议价和安全管理能力。

(3)构建精准有力的安全保障体系。

健全完善特别管控危险化学品运输全过程、全要素的安全管控体系。研究明确各等级隧道通行危险货物运输车辆的范围和安全管理要求。各地结合发展需要，科学规划危险化学品道路运输车辆专用停车场。加快研究制定经营性机动车营运安全技术国家标准，推动危险货物运输车辆、重型载货汽车安装空气悬挂、自动紧急制动系统和驾驶员疲劳监测系统等先进驾驶辅助系统，提高车辆动力性能和制动性能。加快危险货物、冷链货物、零担快运等重点领域电子运单推广应用，健全运输全过程动态安全监控体系。

(4)建设高素质的人才队伍体系。

深化道路货运从业人员资格管理制度改革，进一步降低从业人员负担。督促企业加大对关键岗位人员教育培训和投入力度，加强对大件、冷链、危险货物运输等专业运输从业人员应用能力实操培训和考核。发挥职业教育在道路货运从业人员培养方面作用，优化专业设置、创新培养模式，通过校企合作、工学结合等方式不断提升培养质量。加强基层管理队伍建设，组织开展面向基层管理队伍的常态化培训和专业轮训，着力解决基层队伍知识结构老化、综合能力不强、管理水平不高等实际问题，夯实行业治理基础。

(5)健全分类分级的精准治理体系。

推动建立零担货物、冷藏保鲜货物、大件货物、危险货物等专业细分领域的分类管理架构,完善各领域差异化的管理制度和标准规范。加强对道路货运经营各部门监管信息归集共享,研究建立对道路货运经营主体和从业人员的安全信用评估制度,规范认定并设立市场主体安全信用“黑名单”,对相关信用“黑名单”相关主体在行业准入、获得信贷、奖补政策等方面依法予以限制,在监管方式、抽查比例和频次等方面采取差异化措施。研究探索建立道路货运相关保险费率与安全信用评估的联动机制,进一步发挥保险产品的导向作用。加强道路货运市场经济运行分析监测,及时发布道路货运监测评估报告和运价指数,合理引导市场供给。

9.6 强化综合运输服务管理

长期以来,我国不同运输方式、不同地区、不同产业分散管理的状况影响深远,存在各运输方式、各地区和综合运输服务各产业间协同联动机制不健全,政策和规划体系的统筹协调性有待加强,各种方式的法规标准不衔接等问题,针对这些问题,需要从四个方面强化综合运输服务管理。

(1)深化综合交通运输管理体制改革。

坚持交通运输大部门制改革方向,理顺交通运输、发改、公安、工信、自然资源、生态环保等部门间的职责关系,理顺公路运输、铁路运输、水路运输、民航运输、邮政和管道运输等相关管理部门和企业的关系,完善协调机制,着力解决综合交通运输管理体制不顺、运行不畅、效率不高等问题,构建涵盖铁路、公路、水路、民航、管道、邮政等全方式,规划、建设、运输、管理全链条,“陆海空”“人车(船、机)路(航道)”“点线网”一体化的综合交通运输管理体制机制,推进决策、执行、监督相协调,为综合运输服务发展提供有力保障。建立综合交通运输体系运行协调机制,加强部门间的合作,理顺中央与地方事权。

(2)完善综合运输服务法律法规。

针对目前综合运输服务法律法规缺失的状况,建议以强化统筹协调、加强配套衔接为导向,加快研究构建综合运输服务法律法规体系,推进综合运输服务法制建设,确保在推进综合运输服务工作中有法可依。建立完善综合运输法规体系,形成以综合运输法律法规为龙头,以铁路运输、公路运输、水路运输、民航运输、邮政各自的法律法规系统为依托,以部门规章为补充的综合运输法律法规体系。建议启动《综合交通运输促进法》立法工作,研究制定《多式联运发展推进办法》等规章。及时修订《铁路法》《道路运输条例》《民用航空法》等法律法规,促进综合运输服务发展。

(3)深化重点领域的供给侧改革。

推动铁路、道路、航道、空域等领域管理体制改革,建立健全适应综合交通运输发展的体制机制。研究推动普通货物运输经营许可、经营国内船舶管理业务审批告知承诺制改革。以安全绿色发展为导向,研究优化道路货运行业准入条件,合理调整市场结构,防止市场过度无序竞争。进一步推动国家铁路企业股份制改造,深化铁路运输价格市场化改革,落实规范铁路货运收费政策措施。深化邮政企业混合所有制改革,完善邮政普遍服务保障监督机制。

(4)激发运输市场的主体活力。

着力放宽竞争性环节市场准入、放松竞争性业务价格管制,促进铁路运输业务市场主体多元化和适度竞争,推动邮政普遍业务与竞争性业务分业经管。完善现代企业制度,推动交通运输国有企业由"管资产"向"管资本"转变,深化交通运输领域国有企业混合所有制改革。培育壮大运输市场主体,打造具有国际竞争力的运输企业。全面实施运输服务市场准入负面清单制度,健全完善统一的运输规则、制度、标准,优先保障与统一运输市场相关的法规制度建设,建立高标准市场体系。

第10章 综合运输服务能力监测

10.1 监测指标体系构建

10.1.1 目标与功能

为了适应新形势对综合运输服务的新要求，更好地统筹发挥各种运输方式的技术特点和比较优势，推动不同运输方式由“自我发展”向“竞合发展”转变，深化改革创新、激发市场活力、释放服务潜能、拓展发展空间，让交通基础设施建设成果更广泛、更公平、更有效地惠及社会公众，推动综合运输服务加快由“被动适应”向“主动引领”转变，在现有监测评价体系的基础上构建新的综合运输服务能力指标体系架构。

(1)目标。

长期以来，我国还没有一个能够及时反映综合运输服务能力变化情况的综合性指标体系。为此，国家统计局近年来加快了交通运输业统计改革和制度建设，构建综合运输服务能力监测指标体系就是推动交通运输业统计改革的重要举措。

综合运输服务能力监测指标体系的提出，旨在为我国综合运输市场体系、运输通道服务效能、运输枢纽服务品质、旅客运输系统便捷舒适程度、货运物流体系集约高效程度、运输装备技术先进适用性、国际运输竞争力、运输安全保障能力、运输服务与“互联网+”融合发展水平提供全面、持续、定量、动态的监测指标体系。该监测体系能够及时地反映综合运输服务能力的短期发展趋势，为各级政府和社会各界及时分析判断服务业发展状况、进行宏观经济管理和宏观政策制定、进行微观经营管理和经营决策提供参考。

(2)功能。

综合运输服务能力监测指标体系的构建是科学评价我国综合运输服务发展状况、为制定和实施综合运输发展规划提供数据支持、促进综合运输服务发展、打造移动互联网时代综合运输服务升级的重要举措。与传统的统计指标相比，新监测指标体系更强调“大数据”，关注“互联网 +”便捷交通、“互联网 +”高效物流等相关运输服务能力与水平，推动“互联网 +”与运输服务融合发展。

10.1.2　基本思路与原则

(1)基本思路。

以现有行业统计数据、相关指数和“十四五”时期新增有关指标等数据为基础，依托大数据等新技术手段，统筹各种运输方式，以服务宏观经济、服务行业决策、服务社会公众为目标，以全面科学及时评估交通运输行业发展水平和综合运输服务能力为重点，加快建立完善综合运输服务能力监测指标体系，为使交通真正成为发展的先行官提供科学参考，为加快提升综合运输服务的公众满意度和社会感知度提供有力支撑。

(2)构建原则。

综合运输服务能力监测指标体系的建立是综合运输服务评价的核心部分，是关系到评价结果可信度的关键因素。构建科学合理的综合运输能力监测指标体系应遵循科学性、系统性、综合性、层次性、动态性等基本原则。

①科学性。

科学性原则主要体现为理论性和实践性。理论性是指设计的指标体系必须逻辑严谨、条理清楚、具有针对性，能够反映我国综合运输服务的状况。实践性是指设计的指标体系具有切实可行性。此外，指标体系建立在科学的基础上，需要既能准确、全面、系统地体现评价对象的内涵特征，又能突出其发展目标。在设计综合运输服务监测指标体系时，必须以科学性为前提，遵循经济规律和交通运输行业规律，采用科学的方法和手段，确立能够通过观察、测试、评议等方式得出明确结论的定性或定量指标，结合相关定量和定性调查研究，较为客观和真实地反映综合运输服务的状态，从不同角度和侧面进行衡量，坚持科学发展的原则，统筹兼顾，以科学态度选取指标，把握科学发展规律，提高发展质量和效益，以便真实有效地做出评价。

②系统性。

系统性原则表示指标体系作为一个有机整体，具体指标设定不仅要反映特定的运输服务特点，并且指标之间既要各有侧重、相互分工又要相互配合、相互补充。综合运输服务是现代交通运输最核心的发展方向，“系统性”要求综合运输服务能力监测指标体系设计时，要坚持全局意识和整体观念，指标体系要综合地反映交通运输系统中各子系统、各要素相互作用的方式、强度和方向等各方面的内容，把综合运输服务视为一个系统问题，并基于多因素来进行综合评估。此外，指标与指标之间必然存在一定的联系，这种联系分为横向联系与纵向联系。具有横向联系的指标体现在指标体系中同一层面的不同侧面，具有互斥性；而具有纵向联系的指标则表现在指标体系中的不同层面上，具有相融性。系统性要求具有横向联系的指标之间尽可能做到不同，避免指标间相关性过强。

③综合性。

综合性原则是指任何整体都是由一些要素为特定目的综合而成，指标体系作为一个整体，要能从各个方面比较综合、全面地反映评价对象的发展特征。综合运输服务作为一项系统性、综合性极强的工作，是由各运输方式系统等多种要素构成的综合体，这些要素是多种结构联系、跨领域、跨学科的综合。应综合平衡各要素，多参数、多标准、多尺度衡量分析，考虑周全、统筹兼顾，从整体的联系出发，注重多因素的综合性分析，求得一个最佳的综合效果。在综合运输服务能力监测指标体系相应的评价层次上，应全面考虑影响其实现服务国民经济、服务行业决策、服务社会公众目标的诸多因素，涵盖为实现评价目的所需的基本内容，从多个维度和层面综合地衡量对象系统的属性，进行综合分析和评价。

④层次性。

层次性是指指标体系自身的多重性。由于综合运输服务内容的多层次性，监测指标体系也应由多层次结构组成，反映各层次的特征。同时，综合运输服务是多层次、多因素综合影响和作用的结果，其评价体系也应具有层次性，能从不同方面、不同层次反映资源环境承载能力的实际情况。首先，指标体系应选择一些指标，从整体层次上把握评价目标，保证评价的全面性和可信度；其次，在指标设置上要按照指标间的层次递进关系，通过一定的梯度，准确反映指标间的支配关系，充分落实分层次评价原则，尽可能体现层次分明。这样既能消除指标间的相容性又能保证指标体系的全面性、科学性。

⑤动态性。

整体性的相互联系是在动态中表现出来的。作为现实存在的系统，联系是会变化的，不变的东西是不存在的。综合运输服务是由于自身动因和人的作用在发生着变化的系统，综合运输服务能力和水平在时间上处于发展变化之中，其变动往往受多种因素的影响，是一个动态发展的变量，如果用静止的、短期的观点进行考察，它的发展变化的规律性常常不容易看得清楚，因此，要求建立动态指标，依据不同时期的动态数列，反映出评价目标的动态性特点，揭示综合运输服务能力及水平提高或降低的规律性。

10.1.3　指标体系架构

依据上述思路与原则，构建以“一总、八分”为框架、62 项数据为支撑的综合运输服务能力监测指标体系，见表 10-1。一总，即综合运输服务指数；八分，即经济贡献指数、运行效率指数、市场景气指数、行政效能指数、科技创新指数、社会效益指数、安全生产指数、公众评议指数。其中，经济贡献指数反映服务宏观经济能力；社会效益、安全生产和公众评议反映服务社会公众能力；运行效率、市场景气、行政效能和科技创新指数反映服务行业决策能力。

指标体系框架表　　表10-1

总指标	序号	一级指标	二级指标	三级指标	数据来源	发布周期
综合运输服务指数	1	经济贡献指数	宏观经济	交通运输业增加值占GDP比重	国家统计局	季度/次
				单位周转量的运输费用	中物联(中国物流与采购网)、中国统计年鉴	物流运输费用(月/次) 货物周转量(年/次)
				交通固定资产投资完成情况	交通运输部,国家铁路局	月/次
				交通运输最终消费支出	国家统计局	2-3年/次
				交通运输行业纳税占比	中国税务年鉴、国家统计局	年/次
				货运强度	国家统计局	年/次
			国际竞争力	运输服务贸易占比	中国商务年鉴	年/次
				国际商品贸易总量	交通运输部	月/次
			关联产业	交通运输投入占总投入比重	国家统计局(投入产出表)	2-3年/次
				交通运输产出占总产出比重	国家统计局(投入产出表)	2-3年/次
	2	运行效率指数	综合效率	旅客联程运输客运量增长率	携程等在线售票网站提交相关统计指标	年/次
				集装箱多式联运运量增长率	交通运输部(综合运输服务能力监测分析报告)	月/次
				公路运营货车平均里程利用率	G7、汇龙天下等货运平台	年/次
				中心城市平均拥堵延时指数	高德地图(中国主要城市交通分析报告)	年/次
				全国干线公路年平均日拥挤度	交通运输部路网监测与应急处置中心	月/次
				航班延误时间	中国民用航空局、飞常准大数据、民航资源网	年/次、实时

续上表

总指标	序号	一级指标	二级指标	三级指标	数据来源	发布周期
综合运输服务指数	2	运行效率指数	综合效率	干线公路营运货车单车平均年完成货物周转量	交通运输部	年/次
			标准化水平	公路货运车型标准化率	交通运输部(运输服务司)	年/次
				内河船型标准化率	交通运输部(水运局、长江航务管理局、珠江航务管理局)、黑龙江省交通运输厅	年/次
			一体化能力	具备多式联运能力的货运枢纽(物流园区)个数	交通运输部、国家发展改革委	年/次
				综合客运枢纽个数	交通运输部、国家发展改革委	年/次
	3	市场景气指数	市场预期情况	投入运输装备增长率	国家统计局	年/次
				市场主体新增情况	国家统计局、工商总局	年/次
			价格运营状态	道路、水路货物运价指数,快递业平均价格	中物联、交通运输部(上海航运交易所、中国产业信息网)	月/次(公路为周/次)
			企业经营的成本、效益及主营业务增长情况	重点联系企业主营业务成本指数与利润指数	中物联	年/次
			运量变化情况	各运输方式客货运量及周转量、快递业务量	交通运输部	月/次
		基于大数据的市场景气指数	供求平衡指数	人才需求指数	招聘网站:前程无忧、智联招聘、中华英才、58 同城	周/次
				载具需求指数	新闻门户:qq. com;sohu. com;sina. com;xiahuanet. com;people. com. cn	月/次
			规模偏异指数	环境影响指数	空气质量监测网站:aqicn. org	小时/次

续上表

总指标	序号	一级指标	二级指标	三级指标	数据来源	发布周期
综合运输服务指数	3	基于大数据的市场景气指数	规模偏异指数	媒体趋势指数	新闻门户：qq. com；sohu. com；sina. com；xiahuanet. com；people. com. cn	周/次
	4	科技创新指数	产出水平	申报专利、软件著作权数量	国家统计局、科学技术部	年/次
				国家科学技术奖项	交通运输部、国家铁路局	年/次
			投入水平	科研投入资金	国家统计年鉴、科学技术部中国科技统计年鉴	年/次
	5	行政效能指数	行业行政信息化水平	行业行政许可网上办理数量年增长量	交通运输部行政许可、铁路局、民航局和有邮政局网上办理平台	年/次
				行业网站信息发布指数	中国软件评测中心	年/次
				行业网站办事服务指数	中国软件评测中心	年/次
			社会公众满意水平	行政许可网上办理平台用户满意度	交通运输部行政许可网上办理平台	年/次
	6	社会效益指数	基本公共服务水平	铁路营业里程	国家统计年鉴/交通运输行业发展统计公报	年/次
				公路里程	国家统计年鉴/交通运输行业发展统计公报	年/次
				内河航道里程	国家统计年鉴/交通运输行业发展统计公报	年/次
				定期航班航线里程	国家统计年鉴	年/次
				公共交通客运总量	国家统计年鉴	年/次
				机场1.5小时车程/100公里范围内覆盖全国人口比例	数据来源不稳定，民航局十三五规划里面提到2015年数据	—

续上表

总指标	序号	一级指标	二级指标	三级指标	数据来源	发布周期
综合运输服务指数	6	社会效益指数	基本公共服务水平	建制村直接通邮比例	部分省级交通运输网站提供该省的发展情况	年/次
				建制村通客车率	中国交通年鉴	年/次
				城市建成区公共交通站点500米覆盖率	高德地图报告	年/次
			带动就业	运输业就业人员数及占全社会就业人口比例	国家统计年鉴	年/次
			绿色生态	单位行业增加值能源消耗量	国家统计年鉴	年/次
				新能源车辆保有量同比增长率	中华人民共和国国民经济和社会发展统计公报	年/次
				共享出行减少出行量和能量消耗与排放	滴滴出行大数据平台	日/次
				公路货运占比	国家统计年鉴	年/次
	7	安全生产指数	铁路交通安全生产水平	全国铁路交通事故10亿吨公里死亡率	国家铁路局(铁路安全情况公告)	年/次
			道路交通安全生产水平	较大及以上等级道路运输行车事故死亡人数环比下降率	交通运输部安全委员会	季度/次
			水运安全生产水平	百万艘次船舶流量死亡失踪人数同比下降率(运输船舶水上交通事故数/死亡失踪人数)	交通运输行业发展统计公报	年/次
			民航安全生产水平	民航运输飞行百小时重大事故率	民航行业发展统计公报	年/次
	8	公众评议指数	公众评议	年度社会调查	交通运输部	动态开展
				12328电话系统运行质量	交通运输部办公厅	半年/次
				邮政业申诉处理质量	中华人民共和国邮政局	月/次

续上表

总指标	序号	一级指标	二级指标	三级指标	数据来源	发布周期
综合运输服务指数	8	基于大数据的公众评议	货运评议	货运相关企业评议	相关企业	动态开展
			客运评议	客运相关企业评议	相关企业	动态开展
			事件舆情	运输行业十件大事公众舆情情感度	中国交通新闻网和其他新闻网站	年/次
				一次死亡十人及以上道路运输行车事故舆情情感度	微博、新闻网站	动态开展

10.1.4　指标说明

(1)经济贡献指数。

经济贡献指数是基于经济维度的我国综合运输服务发展能力评价,主要反映交通运输行业服务宏观经济能力和在推动关联产业发展、提升国际竞争力等方面发挥的作用。交通运输产业作为国民经济发展的基础性和先导性产业,必要的交通运输投资将带动综合运输体系完善,最终对社会经济发展产生带动效应。

经济贡献指数体现综合运输服务对宏观经济的贡献,包括交通运输业增加值占GDP比重、单位周转量的运输费用、交通固定资产投资完成情况、交通运输最终消费支出、交通运输行业纳税占比、货运强度共6个指标。

①交通运输业增加值占GDP比重。体现我国交通运输业的直接经济贡献,即运输业对国内生产总值的贡献。国内生产总值是反映一个国家经济发展总水平的综合性指标,因此,通过分析交通运输业对国内生产总值的贡献,可以体现运输业在国家经济中的地位和作用。

②单位周转量的运输费用。表示平均每吨公里货物运输量的物流运输成本。运输成本既是微观运输企业经营决策的参考,也是宏观综合运输布局规划的依据,后者的意义尤为重大,因此,运输成本一直是交通运输发展中受到广泛关注的问题。通过在综合运输服务能力监测指标体系中纳入单位周转量的运输费用指标,可以充分地反映我国目前的运输成本现状,从而为进一步的发展指明方向。

③交通固定资产投资完成情况。是指以货币形式表现的在一定时期内交通运输业建造和购置固定资产的工作量以及与此有关的费用的总称。固定资产投资增量主要来源于基建和制造业的拉动已经成为共识。交通运输业作为基建的重要抓手,“十四五”期间将实现“总量提升,结构改善”。通过在综合运输服务能力监测指标体系中纳入交通固定资产投资完成情况指标,分析在促投资、稳增长方面,交通运输领域所发挥的作用。

④交通运输最终消费支出。反映常住单位为满足交通运输需要,从本国经济领土和国外购买服务的支出,可分为居民消费支出和政府消费支出。交通运输最终消费支出是国家对交通运输及运输服务业实行宏观管理、进行重大决策的重要依据。通过在综合运输服务能力监测指标体系中纳入交通运输最终消费支出指标,分析交通运输消费对于经济增长的拉动作用。

⑤交通运输行业纳税占比。是指交通运输行业所纳税额占国家税收收入比重。随着国民经济快速发展,交通运输业已成为国家税收的重要来源。通过在综合运输服务能力监测指标体系中纳入交通运输行业纳税占比指标,分析交通运输行业税收的贡献态势,及其对国民经济发展的影响。

⑥货运强度。是指单位经济产值所产生的货物周转量,即一定时期内货运量或货物周转量与当时国民生产总值的比值。货运强度是反映综合运输效率的重要指标。货运强度可以体现我国的资源和人口分布、国民生产总值的构成、工业的综合化或专业化程度以及运价总水平。通过在综合运输服务能力监测指标体系中纳入货运强度指标,分析我国货运强度变化趋势并与世界发达国家进行比较。

经济贡献指数体现综合运输服务对国际竞争力的贡献,包括运输服务贸易占比、国际商品贸易总量 2 个指标。

⑦运输服务贸易占比。是指运输类服务贸易额占中国服务贸易总额的比重。目前,运输服务贸易在世界服务贸易出口总额中的比重不断下降,尽管发展中国家主要开展旅游、运输等传统的服务贸易,但发达国家仍在运输服务贸易中占有绝对的优势。通过在综合运输服务能力监测指标体系中纳入运输服务贸易占比指标,体现我国运输服务业在国际运输服务市场中的竞争力。

⑧国际商品贸易总量。即我国与其他国家或地区交换货物总吨数。我国是世界第一大贸易国、第一大商品贸易国,通过在综合运输服务能力监测指标体系中纳入国际商品贸易总量指标,反映交通运输服务业对于我国外贸发展及外贸竞争优势的贡献作用。

最后,经济贡献指数体现综合运输服务对关联产业的贡献,包括交通运输投入占总投入比重、交通运输产出占总产出比重 2 个指标。

⑨交通运输投入占总投入比重。表示应用于交通运输业的资金投入占全国总资金投入的比重。从投入产出表可以看出,我国交通运输部门为了自身的生产怎样从其他部门取得中间投入产品及其最初投入的规模。通过在综合运输服务能力监测指标体系中纳入交通运输投入占总投入比重指标,反映我国综合运输服务业的投入与关联产业的投入之间的相互关系。

⑩交通运输产出占总产出比重。是指交通运输业产出额占全国产出总额的比重。投入产出表反映了我国交通运输部门的产出情况,以及交通运输部门的产出是怎样分配给其他部门用于生产或怎样分配给居民和社会用于最终消费或出口到国外的。通过在综合运输服务能力监测指标体系中纳入交通运输产出占总产出比重指标,体现我国

综合运输服务业产出为其他关联产业做出的贡献。

(2)运行效率指数。

运行效率指数主要反映综合交通运输的综合运输效率、一体化服务能力与水平、标准化专业化装备技术水平等。综合运输服务要求多种运输方式结合,而各种运输方式在技术、运输方式、信息服务等方面存在各自的标准和体系,因此,实现综合运输服务有效衔接需要更加注重一体化运输衔接标准、不同运输方式的数据信息交换等标准方面的内容。运输组织一体化是综合运输服务的重要目标,通过不同运输方式相互联合、协调发展,促进一体化运输服务的实现。通过选取多种运输方式衔接等指标来反映运输组织一体化程度。

首先,运行效率指数体现综合运输服务的综合效率水平,包括旅客联程运输客运量增长率、集装箱多式联运运量增长率、公路运营货车平均里程利用率、中心城市平均拥堵延时指数、全国干线公路年平均日拥挤度、航班延误时间、干线公路营运货车单车平均年完成货物周转量共 7 个指标。

①旅客联程运输客运量增长率。表示一定时期内通过联程运输实际运送的旅客人数的增长情况。促进联程联运发展,是各种运输方式融合发展的主攻方向,综合枢纽衔接是各种运输方式融合发展的关键节点。通过在综合运输服务能力监测指标体系中纳入旅客联程运输客运量增长率指标,体现我国将加快发展空铁、公铁、空巴等旅客联程服务模式。

②集装箱多式联运运量增长率。是指一定时期内通过多式联运实际运送的集装箱总箱数的增长情况。在我国,多式联运是联运经营者为委托人实现两种或两种以上运输方式的全程运输,以及提供相关运输物流辅助服务的活动。随着我国经济发展与对外开放步伐加快,我国对内陆多式联运与国际多式联运的要求也越来越强烈。通过在综合运输服务能力监测指标体系中纳入集装箱多式联运运量增长率指标,反映我国集装箱多式联运发展现状。

③公路运营货车平均里程利用率。即营业里程与行驶里程之比,一般以一辆车为单位。公路运营货车平均里程利用率反映了车辆载货效率,提高里程利用率是提高车辆生产率和降低运输成本的有效途径。通过在综合运输服务能力监测指标体系中纳入公路运营货车平均里程利用率指标,体现我国整体货运车辆运输效率水平。

④中心城市平均拥堵延时指数。表示我国 36 个中心城市的整体拥堵程度。我国中心城市交通拥堵日益蔓延,缓解交通拥堵是保障和促进经济社会发展、改善民生的必然要求。《国家中长期科学和技术发展规划纲要(2006—2020)》提出了"发展一个体系,即现代综合交通体系,解决三大热点问题,即解决交通能源消耗与环境污染问题、解决交通安全问题、缓解大城市交通拥堵问题"。通过在综合运输服务能力监测指标体系中纳入中心城市平均拥堵延时指数指标,反映我国大城市交通拥堵治理水平。

⑤全国干线公路年平均日拥挤度。是指年平均日交通量与适应交通量的比值。全

国干线公路年平均日拥挤度显示我国干线公路道路环境对交通量的适应情况。当公路出现道路环境对交通量的不适应情况,会直接影响整条路线的拥挤情况,从而影响路网的整体功能并制约地方经济的发展。通过在综合运输服务能力监测指标体系中纳入全国干线公路年平均日拥挤度指标,反映我国公路改造及路网的整体水平。

⑥航班延误时间。表示所有航班实际出发时间与计划出发时间的差值之和。航班延误时间影响着航空公司的运行效率和服务质量。从2005年起,我国航空运输总周转量已排名世界第二,然而,航班延误始终是困扰民航的一大问题。通过在综合运输服务能力监测指标体系中纳入航班延误时间指标,反映我国航空客运综合运行效率。

⑦干线公路营运货车单车平均年完成货物周转量。即干线公路营运货车单车平均每年度实际完成的货物周转量。当干线公路营运货车单车平均年完成货物周转量增长时,表示我国综合运输服务便捷化水平提高。通过在综合运输服务能力监测指标体系中纳入干线公路营运货车单车平均年完成货物周转量指标,反映我国公路货运综合运行效率。

运行效率指数体现综合运输服务的标准化水平,包括公路货运车型标准化率、内河船型标准化率2个指标。

⑧公路货运车型标准化率。是指符合公路货运车型标准的车辆数量占所有公路货运车数量的比重。当前我国货运车型过于庞杂、车型标准化程度过低,已成为影响传统货运转型升级的重要因素。国家有关部委出台的《关于促进甩挂运输发展的通知》中明确提出,要组织制定和推广应用牵引车、挂车连接的相关技术标准,引导制造企业严格执行国家统一标准生产牵引车和挂车。通过在综合运输服务能力监测指标体系中纳入公路货运车型标准化率指标,反映我国公路货运车型标准化水平。

⑨内河船型标准化率。是指符合内河船型标准的船舶数量占所有船舶数量的比重。推进内河船型标准化,是航运结构调整的重要内容,对推动内河船舶技术进步,保障水路运输安全,提高航道和船闸等通航设施利用率,提高内河航运竞争力具有十分重要的意义。通过在综合运输服务能力监测指标体系中纳入内河船型标准化率指标,反映我国内河船型标准化水平。

最后,运行效率指数体现综合运输服务的一体化能力,包括具备多式联运能力的货运枢纽(物流园区)个数、综合客运枢纽个数2个指标。

⑩具备多式联运能力的货运枢纽(物流园区)个数。是指具备多式联运能力的货运枢纽及物流园区的总个数。综合促进物流园区发展,对于提高社会物流服务效率、产业结构调整、转变经济发展方式、提高国民经济竞争力具有重要意义。加快推进具有公共服务属性的货运枢纽(物流园区)建设,是加快完善现代综合交通运输体系的重要举措,也是物流业集约化、规模化发展的客观要求。通过在综合运输服务能力监测指标体系中纳入具备多式联运能力的货运枢纽(物流园区)个数,反映我国货运运输体系一体化能力。

⑪综合客运枢纽个数。是指将两种及以上运输方式与城市交通的客流转换场所在同一空间(或区域)内集中布设,实现设施设备、运输组织、公共信息等有效衔接的客运基础设施的总个数。综合客运枢纽是综合交通运输体系的重要组成部分,是各种对外运输方式之间及与城市交通之间实现有效衔接和一体化客运组织的关键节点。通过在综合运输服务能力监测指标体系中纳入综合客运枢纽个数指标,反映我国客运运输体系一体化能力。

(3)市场景气指数。

主要反映交通运输行业市场集中度、运量变化情况、价格运营状态、企业经营的成本、效益及主营业务的增长情况等。市场景气指数是对交通运输服务业中企业景气调查中的定性指标,通过定量方法加工汇总,综合反映该行业所处的状态或发展趋势的一种指标。建立综合交通运输市场景气指数,以监测和预警当前交通运输行业发展状况,对交通运输业的发展和综合交通运输体系的推进具有重大意义。

市场景气指数体现综合运输服务的市场预期情况,包括投入运输装备增长率、市场主体新增情况2个指标。

①投入运输装备增长率。即市场内新增加的运输装备数量占市场内目前所有的运输装备数量的比重。投入运输装备增长率从交通运输业供给角度表现我国各运输方式对于我国综合运输服务行业市场情况的预期。通过在综合运输服务能力监测指标体系中纳入投入运输装备增长率指标,反映我国交通运输服务业各市场主体对市场的整体预期情况。

②市场主体新增情况。是指市场内新增加的交通运输经营主体数量占市场内目前所有的交通运输经营主体数量的比重。市场主体新增情况表明市场主体发展势头,从而进一步体现我国综合交通运输服务蕴藏的发展潜力。通过在综合运输服务能力监测指标体系中纳入市场主体新增情况指标,反映我国交通运输服务业的市场活力及整体预期。

市场景气指数体现综合运输服务的价格运营状态,包括道路、水路货物运价指数,快递业平均价格指标。

③道路、水路货物运价指数,快递业平均价格。即各运输方式运价变动的相对数,是反映不同时期运输价格变动程度的相对数指标。通过各运输方式运价指数及快递业平均运输价格的变化趋势,反映我国交通运输服务业整体行情。通过在综合运输服务能力监测指标体系中纳入道路、水路货物运价指数,快递业平均价格指标,从价格运营状态侧面反映综合运输服务业市场景气情况。

市场景气指数体现综合运输服务中企业经营的成本、效益及主营业务增长情况,包括重点联系企业主营业务成本指数与利润指数指标。

④重点联系企业主营业务成本指数与利润指数。即各重点联系企业的成本费用变动与利润收入变动情况。重点联系企业主营业务成本指数与利润指数是反映行业效益

变动的重要指数，通过对交通运输相关企业的成本与利润进行分析，体现行业总体经营状况。通过在综合运输服务能力监测指标体系中纳入重点联系企业主营业务成本指数与利润指数，从企业经营的成本、效益及主营业务增长情况预测我国综合交通运输服务市场景气指数。

最后，市场景气指数体现综合运输服务的运量变化情况，包括各运输方式客货运量及周转量、快递业务量指标。

⑤各运输方式客货运量及周转量、快递业务量。即一定时期内通过各运输方式实际运送的旅客人数、实际运送的货物吨数、实际运送的每批货物重量与该批货物运送里程的乘积以及快递行业总业务量。各运输方式客货运量及周转量、快递业务量反映我国综合运输服务市场的总需求变化情况。通过在综合运输服务能力监测指标体系中纳入各运输方式客货运量及周转量、快递业务量指标，来反映综合运输服务行业运量变化情况及行业活动活跃程度。

⑥建立基于大数据的市场景气指数指标。作为全国交通运输行业景气指数的重要补充部分，更加实时、全面地反映交通运输市场环境变化。与传统指标不同，景气指数大数据指标，其获得方式并非直接来源于交通运输市场数据（诸如运量、运价等），而是来自于与交通运输相关的公共领域数据，包括但不限于政务公开数据、公共环境数据、大众媒体数据、公众社交数据等诸多数据来源。

通过市场供求平衡指数反映市场供需是否平衡，也就是市场的内在特性，包括冷热性质（即波动走势）和冷热程度（即波动幅度），包括人才需求指数、载具需求指数 2 个指标。其中，人才需求指数是按照行业和地区为限定条件，搜索招聘网站发布职位描述信息，并进行市场规模趋势分析；载具需求指数是以“货车”或“货运车辆”为限定词，分别以“超限”“超载”“非法改装”为关键字搜索指定的门户站点的运输市场货运车辆管控新闻，并进行新闻数据分析。

通过市场规模偏异指数反映市场规模变化是否正常，同时侧面反映规模偏移程度，包括环境影响指数、媒体趋势指数 2 个指标。其中，环境影响指数反映了交通运输与环境保护之间的密切关系；媒体趋势指数是分别以“交通”“运输”“物流”“快递”为关键字搜索指定的门户站点的行业新闻，并进行新闻数据分析。

(4)科技创新指数。

主要反映行业在科技创新领域的投入、产出及应用水平。随着我国经济的不断发展，城镇化进程快速推进，城市空间拓展、交通系统建设以及机动性需求的爆发式增长之间的矛盾日趋严重。为破解制约社会经济发展的交通问题，必须高度重视并充分发挥科技创新的引领和支撑作用。通过科技创新指数反映我国交通运输业创新总体发展情况，体现交通运输业创新综合能力发展趋势。

科技创新指数体现综合运输服务的科技产出水平，包括申报专利、软件著作权数量、国家科学技术奖项 2 个指标。

①申报专利、软件著作权数量。是指交通运输有关部门、机构、合作高校及重点实验室等申报的能够提升综合运输服务能力的专利总数。申报专利、软件著作权数量指标体现了我国交通运输业创新中间产出结果的整体情况。通过在综合运输服务能力监测指标体系中纳入申报专利、软件著作权数量指标,反映我国综合运输服务创新产出整体水平。

②国家科学技术奖项。是指交通运输服务相关科技成果获得国务院设立的五项国家科学技术奖的奖项总数,包括国家最高科学技术奖、国家自然科学奖、国家技术发明奖、国家科学技术进步奖和中华人民共和国国际科学技术合作奖。国家科学技术奖项指标体现了交通运输服务科技创新产出在国家各领域创新产出中的突出贡献水平。通过在综合运输服务能力监测指标体系中纳入国家科学技术奖项指标,反映我国运输服务科技创新产出领先水平。

科技创新指数体现综合运输服务的科技投入水平,包括科研投入资金指标。

③科研投入资金。是由国家及各政府部门对交通运输行业研究与发展活动、科技成果的转化和应用活动、科技服务活动投入的资金总额。政府财政科技拨款对全社会创新投入和创新活动的开展具有带动和导向作用,该指标反映政府对创新的直接投入力度以及对重点、关键和前沿领域的规划和引导作用。通过在综合运输服务能力监测指标体系中纳入科研投入资金指标,反映我国交通科技资金稳定情况以及中央和地方财政对交通科技发展的支持力度。

(5)行政效能指数。

主要反映行业行政信息化水平和社会公众满意水平。效能是指行政组织结构、行政行为和相关制度的集合所蕴藏的有利作用。行政效能是指行政主体在实施行政行为时,以较小的行政资源投入来实现最佳的行政工作目标,达到资源配置的最优状态。行政效能以提高行政决策效率、社会满意度高为目标,因此,加快行业信息化建设能有效降低服务成本,提高对民众和企业的服务效率,提高公众满意度。

行政效能指数体现综合运输服务的行业行政信息化水平,包括交通运输部行政许可网上办理数量增长率、行业网站信息发布指数、行业网站办事服务指数共3个指标。

①交通运输部行政许可网上办理数量增长率。衡量交通运输相关部门为了响应党中央和国务院“努力服务企业、提高办事效率”的情况。行政许可是指行政机关根据公民、法人或者其他组织的申请,经依法审查准予其从事特定活动的行为。在政府网站设立行政许可专栏,公开审批事项、依据、条件、程序、结果等信息,实施网上预约办理许可,在采取和落实安全责任措施的前提下,努力为企业提供服务保障。

②行业网站信息发布指数。旨在衡量行业网站信息公开工作服务水平,同时体现交通运输行业服务深入贯彻落实中共中央办公厅、国务院办公厅关于全面推进政务公开工作的意见及其实施细则,响应人民群众对交通运输工作的关注关切。该指数包括基础信息公开、政务专题和信息公开保障三个方面,信息发布指数最终根据评估详细项

得分情况进行计算。

③行业网站办事服务指数。衡量便民服务平台建设水平。为了提升交通运输网上服务能力，按照党中央、国务院关于全面推进政务公开、“互联网＋政务服务”和《政府网站发展指引》的有关要求，对公共服务和行政办事两方面进行测评，测评主要内容包括行业网站业务职能提供和整合便民服务、推行数据开放的情况，行业网站办事大厅、服务专题等多种形式，整合、提供本部门和各直属单位行政办事服务的情况。

行政效能指数体现综合运输服务指标体系的社会公众满意水平，包括行政许可网上办理平台用户满意度指标。

④行政许可网上办理平台用户满意度。旨在反映行业行政信息化水平的提高离不开人民群众的评价和反馈。建设服务型政府，要求主动和服务对象进行沟通，让服务对象理解，征求服务对象的意见，然后再给服务对象以反馈。开展满意度调研有助于帮助行业部门更好地迎合群众需求，为人民服务。行政许可网上办理平台用户满意度情况调研内容包括五道单选题和一道主观题，通过对每道题赋予合适分值来进行满意度纵向时间比较。

（6）社会效益指数。

主要反映行业在从建设到运营管理全过程创造社会效益的能力，包括基本公共服务水平、带动就业能力以及推动绿色交通建设能力等。

社会效益指数体现综合运输服务指标体系的基本公共服务水平，包括铁路营业里程、公路里程、内河航道里程、定期航班航线里程、公共交通客运总量、机场1.5小时车程/100公里范围内覆盖全国人口比例、建制村直接通邮比例、建制村通客车率、城市建成区公共交通站点500米覆盖率共9个指标。

①铁路营业里程。铁路营业里程是反映铁路运输业基础设施发展水平的重要指标。选取铁路营业里程作为铁路交通和公共服务交通基础设施建设的刻画指标，对于衡量基础设施与客货运之间的均衡关系和后续指标计算有重要意义。

②公路里程。公路里程是反映公路建设发展规模的重要指标。选取公路里程作为道路交通和公共服务交通基础设施建设的刻画指标，对于衡量基础设施与客货运之间的均衡关系和后续指标计算有重要意义。

③内河航道里程。内河航道里程指在一定时期内，能通航运输船舶及排筏的天然河流、湖泊水库、运河及通航渠道的长度。内河水运具有运能大、占地少、能耗低等优势，而内河航道里程是反映内河水运网规模、水平和发展情况的主要指标。

④定期航班航线里程。作为航空公司航班运营的基础和必要条件，直接决定航空公司的长期运营成本，影响航空公司的生存与发展。对定期航班航线数据进行统计对航线网络稳定性发展和航空指标后续计算都有重要意义。

⑤公共交通客运总量。是城市公共交通规划、保障城市公共交通科学发展的先导。通过分析公众出行需求的基础上，确定发展战略、发展目标、发展任务和保障措施，推动

建立城市公共交通支撑和引导城市发展的规划模式，实现城市公共交通资源的优化配置，提升城市公共交通服务能力和服务水平，最大能力保障公众基本出行需求。该指标的建立能够衡量公共交通客运总量的变化情况。

⑥机场1.5小时车程/100公里范围内覆盖全国人口比例。即机场建设规定范围内覆盖人口比例。适宜的机场数量规模是中国机场发展战略和中长期规划的重要研究内容，采用合理的定量测算方法求解中国机场规模，对未来的规划更具有参考意义。根据中国民用航空局在《建设民航强国的战略构想》中描述，机场1.5小时车程/100公里范围内覆盖全国人口比例指标对于规划机场建设规模有重要的指导意义。

⑦建制村直接通邮比例。旨在衡量农村地区邮政公共服务水平。中央和地方各级政府继续支持邮政普遍服务，保证邮政普遍服务和特殊服务的有效供给，不断推进全国乡镇邮政基础设施改造工程，填补空白网点建设。该指标是指行政区内拥有直接通邮服务（设置邮政服务网点）的建制村数量占行政区建制村总数的比例。

⑧建制村通客车率。是加强农村客运供给侧改革的重要指标之一。深入开展“四好农村路”建设，实现“村村通”客车，是全面推进乡村振兴，推动城乡客运服务均等化发展的重要举措。该指标是指行政区内通客运车辆的建制村数量占通客车的建制村总数的比例。其中，通客运车辆的建制村数指行政区内距离道路客运班车、公交化运营车辆或者城市公交运行起点、终点、中途停靠站点在2公里以内的建制村数。

⑨城市建成区公共交通站点500米覆盖率。是衡量城市公共交通建设的重要指标。公共交通优先发展政策落实，“公交都市”建设稳步推进，需要全面贯彻国务院关于城市优先发展公共交通的指导意见。城市公共交通的发展进一步改变了群众的出行方式。该指标是指城市建成区内，公共交通站点500米半径覆盖面积与城市建成区面积之比。

社会效益指数体现综合运输服务的带动就业能力，包括运输业就业人员数及占全社会就业人口比例指标。

⑩运输业就业人员数及占全社会就业人口比例。其中运输业就业人员数包括铁路、公路、城市公共交通、水路、航空、管道、装卸搬运和其他运输服务以及邮政业人员数。运输业就业人员是从宏观角度反映全社会运输业就业状况。运输业就业人员作为运输服务的直接提供者和运输生产的具体实施者，是行业的基础性、战略性资源和行业发展的决定性因素。

最后，社会效益指数体现综合运输服务的绿色生态建设能力，包括单位行业增加值能源消耗量、新能源车辆保有量增长率、共享出行减少出行量和能量消耗与排放、公路货运占比共4个指标。

⑪单位行业增加值能源消耗量。是反映能源消费水平和节能降耗状况的主要指标。该指标说明一个行业经济活动中对能源的利用程度，反映经济结构和能源利用效率的变化。该指标不仅能直接反映行业经济发展对能源的依赖程度，而且能间接反映产业结构状况、设备技术装备水平、能源消费构成和利用效率等多方面内容。

⑫新能源车辆保有量增长率。新能源汽车作为国家汽车装备发展的重点导向之一,受到各种积极的政策扶持。该指标衡量新能源车辆的增长情况,争取全面贯彻落实《国务院关于印发节能与新能源汽车产业发展规划(2012—2020年)的通知》(国发〔2012〕22号)。对加快新能源汽车的推广应用,有效缓解能源和环境压力,促进汽车产业转型升级等执行结果进行有效说明。

⑬共享出行减少出行量和能量消耗与排放。指标主要以滴滴出行服务中快车拼车减少的出行量和顺风车减少的出行量作为主要数据,根据私家车耗油量和碳排放量为参照,计算共享出行减少出行量和能量消耗与排放。旨在说明随着共享经济时代的到来,作为生力军的共享出行在缓解交通压力、促进节能减排等方面发挥着越来越重要的作用。

⑭公路货运占比。表示公路货运占总货运量的比重。远距离货物运输方式中,水路运输、铁路运输和管道运输等比公路运输更加经济,为了降低交通运输行业减排压力,该指标衡量公路货物运输的变化,来反映运输方式结构调整情况。

(7)安全生产指数。

主要反映行业在安全生产方面的能力和水平,具体包括全国铁路交通事故10亿吨公里死亡率、较大及以上等级道路运输行车事故死亡人数下降率、百万艘次船舶流量死亡失踪人数下降率、民航运输飞行百小时重大事故率4个详细指标。

安全生产指数体现综合运输服务的铁路交通安全生产方面的水平,包括全国铁路交通事故10亿吨公里死亡率指标。

①全国铁路交通事故10亿吨公里死亡率。该指标作为衡量铁路安全运行的重要指标,对铁路行业安全情况的不断提升改变的效果进行了说明。铁路行业深入贯彻习近平总书记系列重要讲话精神,按照党中央、国务院的决策部署,坚守发展决不能以牺牲安全为代价这条不可逾越的红线,将保障人民生命财产安全作为首要责任,持续深化安全生产专项整治,采取有力措施维护铁路运输安全。

安全生产指数体现综合运输服务的道路交通安全生产方面的水平,包括较大及以上等级道路运输行车事故死亡人数下降率指标。

②较大及以上等级道路运输行车事故死亡人数下降率。反映了道路运输安全的变化情况。道路交通安全事关经济社会的有序和谐,事关群众生命财产的安全,事关城市建设管理的品位,是一项重要的基础工程和民生工程,该指标是指报告期内较大以上等级道路运输行车事故死亡人数相对于去年的下降数量,与去年较大以上等级道路运输行车事故死亡人数的比率。

安全生产指数体现综合运输服务的水路运输安全生产方面的水平,包括百万艘次船舶流量死亡失踪人数下降率指标。

③百万艘次船舶流量死亡失踪人数下降率。反映了水上交通安全情况。交通运输部在关于进一步加强长江等内河水上交通安全管理的若干意见中指出,到2020年,内河

水上交通安全法规制度和标准规范基本健全，安全工作责任更加明晰落实，监督管理更加规范，从业人员素质整体提高，安全与应急保障能力明显提升，为人民群众安全便捷出行提供良好的内河水上交通安全保障。

安全生产指数体现综合运输服务的民航运行安全生产方面的水平，包括民航运输飞行百小时重大事故率指标。

④民航运输飞行百小时重大事故率。反映了民航运输安全运行情况。安全是民航永恒的主题，是其赖以生存和发展的基础。航空运输业属于复杂社会技术系统，随着科技的进步、机械设备的可靠性和安全性大幅提高，机械、电子设备故障引起的飞行事故也大幅度下降。随着通用航空规模不断发展，安全问题将成为民航可持续稳定发展的焦点问题。该指标是指统计期内平均每百万小时民航运输飞行时间内发生的重大事故次数。

(8)公众评议指数。主要从公众视角考量行业综合运输服务能力。公众评议的一个重要内容是政府和公众接触过程中体现出来的服务水平。该指数的表示可由传统统计方法和大数据统计方法两部分进行说明。

公众评议指数从传统数据角度来体现综合运输服务公众评价情况，包括年度社会调查、12328 电话系统运行质量、邮政业申诉处理质量共 3 个指标。

①年度社会调查。该指标可根据我国国情特点选择特定时期动态开展关于运输服务能力评价的问卷调查。开展契机包括但是不限于春运、五一假期、十一黄金周等节假日。通过对综合运输整体服务效能发挥、交通运输服务水平、旅客运输安全水平、恶劣天气下的应急保障以及道路运输服务监管手段创新等多方面展开调研。

②12328 电话系统运行质量。该项主要考核指标为 12328 电话有关投诉办结率，能够反映行业部门处理公众投诉情况的总体处理效率问题。为了切实做好 12328 交通运输服务监督电话系统信息分析工作，全面掌握 12328 运行动态和社会公众需求，更好地服务交通运输改革发展、服务社会公众需求，因此设立 12328 电话系统运行质量指标。

③邮政业申诉处理质量。该指标主要反映“已向企业投诉，但七天内没有任何处理结果”以及“已向企业投诉，但对企业的处理结果不满意”两种情况的处理说明，本着公正、公开、公平的原则来处理消费者的申诉信息。其中，主要考核指标为 12305 电话和国家邮政局官方网站有关申诉处理满意率，该指标能够反映行业部门处理公众申诉情况的总体处理效率问题。

公众评议指数从大数据角度来体现综合运输服务公众评价情况，包括货运相关企业评议、客运相关企业评议、运输行业十件大事公众舆情情感度、一次死亡十人及以上道路运输行车事故舆情情感度共 4 个指标。

④货运相关企业评议。是指群众对第三方物流企业的投诉情况。随着中国经济的快速增长与全球经济一体化的迅速演进，物流的地位和作用日趋重要，尤其是在社会和企业的客观要求下，第三方物流日益成为物流发展的主体力量，其市场需求进一步快速

增长。在对企业进行统计时，主要针对顺丰、“三通一达”有关投诉以及淘宝、京东商城有关投诉进行统计，因为他们占据着市场较大份额，对其投诉内容进行分析，能反映出大多数群众对货运相关企业的评议情况。

⑤客运相关企业评议。是指群众对出行服务企业的投诉情况。该评议对象主要针对滴滴、摩拜、携程（去哪儿）相关企业的服务投诉情况进行分析，所选企业均为其所在领域的领先企业。通过对消费者对客运相关企业评议投诉问题进行统计和情感分析，了解企业服务提供质量的整体情况，为以后进行企业调整和提升群众满意度提供数据支持。

⑥运输行业十件大事公众舆情情感度。是指群众对运输行业新闻发布和重要事件的反馈情况。根据《交通运输行业新闻宣传工作管理办法》，衡量交通运输行业新闻宣传情况，根据中华人民共和国中央人民政府发布交通运输行业十件大事，通过这十个关键词在网上进行搜索，获取新闻和评论进行分析，反映运输行业群众舆情情感情况。

⑦一次死亡十人及以上道路运输行车事故舆情情感度。重在衡量运输行车事故舆情情感度。道路交通为社会和经济发展起到了极其重要的作用，但道路交通事故的大量发生也带来了负面影响，道路交通秩序受到严重破坏。交通事故已极大地威胁着人民的生命安全，并造成了大量的财产损失。尤其是死亡人数较多的交通事故的发生极大地影响整个社会的舆情走向，当事故发生时交通运输部门的相关应急措施和舆论引导将对社会舆情走向起到重要作用，同时需要综合运输行业新闻宣传情况进行分析。

10.2 监测推进路径

10.2.1 推进思路

开展中国综合运输服务能力监测要以现有行业统计数据、相关指数等数据为基础，结合大数据等新技术手段，统筹运用各种运输方式已经建立的统计报表制度，推进行业内外相关统计与数据资源采集、获取与运用，围绕服务宏观经济、服务行业决策、服务社会公众等方面，以建立全面、科学、及时、准确的监测方法与机制为途径，以为国家发展、行业决策、社会舆论、百姓需求提供客观真实的综合运输服务监测数据为重点，加快建立完善综合运输服务能力监测指标体系，并系统开展综合运输服务能力监测，为深化交通运输供给侧结构性改革、推动综合运输服务高质量发展、建设交通强国奠定坚实基础，为综合运输服务引领交通运输行业先行发展提供科学依据。

10.2.2 基本原则

（1）统筹协调。

充分发挥行业主管部门的统筹协调能力，积极与政府相关部门、科研机构、行业协会、代表性企业等建立全面工作对接，推动部门间、科研院所间、协会间、企业间基础统计数据互联互通，共享共用，形成合力。

（2）科学合理。

逐步完善指标体系与监测指数，确保指标体系能充分客观反映运输服务与经济、社会、民生、国家战略等各个方面，确保监测指数运行趋势、波动规律与相关同类指数趋势一致性，保证构成指数的指标体系结构均衡、覆盖全面。

（3）循序渐进。

按照分步走的设计，逐步完善指标体系与监测指数，以保证两者按部就班完成。优先确立指标体系并逐个完善，在指标体系基本确定的前提下，构建各层级监测指数，率先研究核心指数的编制、测算、数据采集、工作对接与指数验证，分步完成合格指数的发布。

（4）重点突破。

为保证监测指数的科学性与权威性，指数在编制过程中应选取数据来源相关单位作为指数试点单位，通过采集试点数据进行试算、试测、修正与完善，对核心指数测算方法、数据选择、数据制式等需要进行反复研究、重点论证，在试点得到验证的基础上，再予以发布。

10.2.3　重点工作

（1）指数发布主体。

为实现指数的客观性、独立性和公信力，国内外指数一般由第三方机构等采用多种方式向社会公布，政府不参与指数发布工作。如美国顾客满意度指数（American Customer Satisfaction Index，ACSI）由第三方机构发布；我国的PMI和LPI（物流业景气指数）则由中国物流与采购联合会独立完成指数研究与发布的全部工作，政府机构或外部专家均不参与。

建议以开展指数编制工作的交通运输部下属科研机构作为第三方，定期在交通运输部网站发布，以满足指数发布的权威性、独立性和透明性等要求。初次正式发布可与交通运输部有关司局会同研究机构联合发布，并进行必要的解读和说明。

（2）指数发布周期。

结合统计数据的收集汇总频次，分为月度、季度和年度分别发布有关分项指数。如市场景气、运行效率和安全生产（或其下的二级分项指数）等基础数据月报制度较为完善的有关指数，可按月度发布，经济贡献、社会贡献、科技创新等短期波动不明显、基础数据存在一定延后性的指数，可按年度发布。

（3）指数发布层级。

鉴于指数编制工作在前期需要开展大量探索工作，有逐步完善过程，为使各阶段工作更加聚焦，初步考虑，初期仅发布国家层级的有关指数，待工作机制、指数架构与模型等基本成熟后，分全国、区域和各省等不同层级予以发布，在指数发布同时公布分省排序，不断扩大指数的影响力，提升各地加强综合运输服务能力建设的积极性。

10.2.4 实施安排

考虑到指标体系与指数需要经过一定时间的验证以修正其准确性，从而保证指标指数的客观科学，因此，采取“三步走”总体思路推进工作。

(1)2024年。

①初步完成综合运输服务监测指标体系构架，明确各项指标的定义、内涵、测算方法、数据来源、发布频次等。

②初步建立运输服务指标体系工作推进机制，建立基于各种传统运输方式统计制度下的数据采集机制，统筹协调各有关单位填报相关脱敏数据信息。

③初步建立跨运输方式、跨行业、跨管理部门的基础数据共享机制。

④完成部分主要分项指标试点指数的数据采集、测算以及指数试发布，组织开展同类指数一致性验证与修正工作。

(2)2025年。

①健全完善综合运输服务监测指标体系，扩大指标覆盖范围，合理增减相关指标，保证指标体系与行业发展紧密相关。

②统筹协调各指标数据来源单位，建立常态化、制度化的指标采集、测算、发布工作机制。

③完成剩余分项指数试点数据采集、测算及指数试发布工作，组织开展同类指数一致性验证与修正工作，陆续发布全面反映综合运输服务能力与水平的其他相关指数。

(3)2026—2030年。

①实现综合运输服务监测指标体系全面、真实、准确、及时、常态化采集、计算与发布。

②完善综合运输服务指标体系，不断优化指标的准确性、及时性、响应性，逐步扩充指标体系覆盖与影响范围。

③构建一体化统计数据相关单位常态化提报机制，建立全覆盖的监测指标体系报表制度。

④实现综合运输服务监测各级指数稳定发布。

国际篇

国外综合运输服务发展与能力监测

纵观发达国家的综合运输服务发展历程，由于每个国家的国情、发展条件不一样，并无统一的发展模式，结合本国经济、政治、文化和地理环境等特点，制定本国的综合运输服务发展战略，建立综合的交通运输管理体系，抓住科技发展机遇，围绕国家政治目的部署交通运输发展，抢占国际话语权是各国的普遍做法。从世界发达国家交通运输发展的规律来看，一方面，交通运输必将经历从交通运输基础设施建设为主向基础设施建设保持稳定、运输服务为主的阶段转变，因此，各国都普遍重视运输的管理；另一方面，世界发达国家的运输服务都经历了从单一运输方式向综合运输服务的转变，通过整合各种运输方式资源，加强不同运输方式间的协作，调节运输结构，提高运输组织效率，将运输作为一个整体来考虑。此外，发达国家高度重视综合运输服务能力监测，通过编制监测指数，及时有效地反映服务能力与水平。

第11章 国外综合交通运输发展历程与特点

11.1 美国

11.1.1 综合交通运输发展历程

自1774年建设第一条收费公路开始,美国的交通运输业已经有超过200余年的发展历程。当前,美国是世界上交通运输最为发达的国家之一,并随着交通运输业的发展,美国政府对其所采取的政策也在不断地发生变化,逐渐由早期的单一交通运输模式大发展阶段,步入综合运输全面发展阶段。早在20世纪40年代,美国就提出了综合运输的概念,但当时使用的名称是"运输系统"。在美国《1940年运输条例》规定中,"运输系统"具有多种方式的性质,国家对各种运输方式实行公平待遇,承认和保护各种运输方式的优势,防止各种运输方式的过度竞争。国家运输政策的目的是保持铁路、公路和水路等各种运输方式的平衡和健康发展,以形成统一的国家综合运输体系,满足经济发展的需要。总体而言,美国的综合交通运输体系的发展主要经历了以下三个阶段。

(1)起步阶段——基础设施规划与建设。

独立前的北美殖民地没有交通规划,早期的道路基本是由私人机构或州政府投资兴建的。在先后一百多年的时间里,独立后的美国联邦政府逐渐重视资助交通事业,美国的交通事业取得了初步发展。各种运输方式地位的交替与工业化的发展步伐基本一致,也为其工业化进程的顺利推进提供了有力保障。

1796年联邦政府为一条名为"赞恩"的邮政道路提供担保,这是联邦政府资助的第一条道路,自此全美掀起了改善公路运输的热潮,尤其是注重修建收费公路。在铁路建成以前,收费公路在一定程度上改善了运输,曾是通往美国西部的主干道之一。

工业化初期,低值、大宗的工业原材料产生了大量货运需求,水路运输以其低成本、大运量的优势迅速占领了交通运输业的主导地位。1824年,美国国会通过了《全面勘察法》,授予民间与军事工程机构进行勘测、预测并规划国家重要驿道和运河的权力。

1825—1850年,运河在美国得到了空前的发展。运河大大降低了运输费用,促进了地区间贸易的巨大增长,推动了美国西部商品化农业和东部的工业活动向前发展。

随着钢铁、机械、化工等重化工业不断发展,产业布局范围扩大,铁路布局受自然条件限制小,又兼具运力大、成本低的优点,很快取代水运成为主导运输方式。1862年,美国国会决定开始修建中线太平洋铁路。从19世纪70年代后期到1906年,各个地区将尚未连接的铁路联系起来,形成了全国性的铁路网。到1914年,美国铁路的总长度已超过欧洲铁路总和,相当于世界铁路总长度的三分之一,成为世界上铁路线最长的国家。

20世纪50年代后,美国工业化的持续推进与产业结构的升级,使得运输需求也从数量增长转向质量提高,这促进了公路运输地位的上升。1956年,美国通过《联邦资助公路法》,开始大规模公路建设,截至1965年,美国基本建成了以高速公路为主干的一体化全国公路网络,每百平方公里拥有公路通车总里程达到62.56公里。

(2)初级阶段——运输结构调整与协调。

在各种运输方式充足发展之后,美国的交通运输体系已经形成了一定的规模,经济发展进入后工业化阶段,运输需求数量型增长趋于稳定,质量型增长不断提高,推动着运输供给增长方式的转变,旅客运输走向高速化和舒适化,货物运输走向专业化和重载化;各种运输方式的发展更加成熟,运输结构调整成为综合运输发展的重点;在庞大存量基础上的交通增长面临资源与环境的巨大约束,进一步发展必须解决可持续增长的问题。于是,联邦政府对运输的政策开始转向对运输结构的调整,以促进各种运输方式之间的协调可持续发展。

由于发展的过程和环境不同,美国各种运输方式和工具在政府的参与上也就大不相同。为了整顿这种各自为政、不易协调的情况,美国联邦政府于1966年成立联邦运输部(US Department of Transportation),将公路、铁路、公共交通、空运、海洋与近海运输,以及其他一些有关业务纳入运输部之中,希望隶属于一个部之下,从而发挥各种不同运输方式之间互补协调及合作的效果。1966年之后,各州政府也模仿联邦运输部的模式,在州内整顿各种运输系统,以主管公路的部门为主,同时吸纳其他运输方式的主管单位,成立州运输厅。

在综合运输发展的市场导向方面,美国政府的初步措施是放松对运输业的市场管制,1979年美国州际商务委员会放松了对驮背运输和箱驮运输的运价、线路、货类等管制,使得铁路公司能够对公铁联运制订更有竞争力的价格。从20世纪80年代开始,美国国会通过一系列法案,放松对运输业的经营管制,鼓励拓展跨运输方式的联运,包括《汽车承运人规章制度改革和现代化法案》《斯塔格斯铁路法》《协议费率法》《机场航空改善法》和《卡车运输业规模制度改革法案》等。法律与制度改革减少了国家对运输业的控制和约束,推动运输业更接近于自由市场体系,放松管制使集装箱班轮公司建立起各自的联运路线,提供单一提单及单一费率,从而使承运人和货主双方都得益于联运协作和经营效率的改善。美国政府在运输业市场管制上的放松政策有利于多种运输方式之间的竞争，促进了综合运输体系的形成与发展，并提高了经济的流动性和商品市场的营利性。

(3)发展阶段——综合交通运输体系的形成与发展。

20 世纪 70 年代和 80 年代正是美国经济动力受到欧洲及日本等国家的挑战而占下风的时候，此前美国交通运输投资大部分用来兴建州际公路，加上政府要努力削减赤字，因此对于整体交通运输的研究发展和投资不足，这被认为是美国在国际竞争上无法力争上游的重要因素之一。在经费不足及国际竞争力弱的情况下，将高科技应用到运输系统中各种不同的运输工具上来，实现不同运输方式的联运，从而提高整体运输效率，便成为一个很有吸引力的方向。

1991 年，美国通过了《综合地面运输效率法案》(Intermodal Surface Transportation Efficiency Act，ISTEA，即“冰茶法案”)，明确要求运输部将工作重点转移到如何使用当前的高新技术来解决交通拥挤、环境污染、交通运输的协调与发展以及如何与生态和环境相适应等问题。“冰茶法案”颁布以后，美国开始全面发展多式联运，向建立一个统一、无缝、有效、经济、安全和环保的综合运输网络迈进。1998 年，美国签署了《21 世纪运输公平法案》，从机制、规章制度和基础设施等多方面共同推进多式联运的发展。美国运输部在每个五年战略规划中，均将提高多式联运效率作为主要目标和任务。

进入新世纪，美国先后制定了《2000—2005 年战略计划》《2003—2008 年战略计划》《2006—2011 年战略计划》等，这些战略计划也突出了综合运输体系的发展。其中，《2006—2011 年战略计划》被定位为“美国国家发展的新思路”，该战略计划提出了既有继承性、又有创新性的六大战略目标：交通安全战略目标，减少交通堵塞战略目标，全球连通战略目标，环境保护战略目标，国家安全、预防与反应战略目标以及组织优化战略目标。美国交通运输战略政策是交通运输规划进一步成熟的体现，它更加重视交通与环境的协调发展，其核心是采用大交通的管理体制，通过政策导向调整各种运输方式的运力，大力发展综合交通运输。

11.1.2　综合交通运输发展特点

(1)各种运输方式综合管理。

美国在运输部成立之前，各种运输方式均有相应政府部门分管，全国没有一个统一的部门主管交通运输事务，政府难以对各种运输方式进行综合管理，从而影响了运输业的协调发展和各种运输方式效能的提高。运输部成立后，公路、铁路、航空、航运、管道等分散在各个部门的运输管理职能向运输部集中，形成全国统一、职能明确、权责清晰的综合运输管理体制。政府对交通运输管理确立了统一规划、协调发展、机构精简、成本集约、运输便利、环境清洁等目标，不仅大大促进了运输业的发展，而且建立起与国土开发、城市建设、能源利用、环境保护等管理体制有效衔接的运输管理机制，努力实现交通运输与经济社会的协调发展。

(2)不同运输方式有效衔接。

在规划、设计和建设的各个环节,美国高度重视综合枢纽和大型换乘中心的建设,解决好各种交通方式之间、综合交通网点与线之间、城市对外交通与内部交通之间的协调与连接,实现各种交通方式的立体、无缝、便捷连接。同时,充分利用大型、高速、集装化、标准化的先进运输装备,广泛采用智能交通、无纸贸易、电子收费等信息系统,实现各种设施、设备、服务和信息的标准化与规范化,促进提高综合运输效率。通过不同运输方式的有效衔接,较好地满足了客户对交通运输提出的方便、快捷、安全、经济、适时、无缝隙连接和零距离换乘等方面的需求,并促进运输服务企业由单一运输企业向多式联运、快递、物流、跨运输方式企业联盟和供应链集成商发展,提高综合运输服务水平。

(3)综合运输管理法制完善。

美国综合交通运输体制是建立在法制基础上的。为了促进综合交通运输体系的建设,美国国会通过了多部重要法律,逐渐形成了由运输业发展与资助、运输业管制与行政、运输安全与环境保护等三大系列为主的法律法规体系,为综合运输的发展打下了法制基础。例如,根据建立综合运输管理体制的需要,美国20世纪70年代以来通过了逐步放松以至取消有关运输行业经济管制的一系列法律法规和政策,1991年通过了《综合地面运输效率法案》(ISTEA),2001年又公布了《2050年展望:国家一体化运输系统政策报告》等。同时,美国高度重视法律法规和政策的执行,联邦政府与州政府分工明确,花大力气严格监管各种运输方式的运营安全和环境保护。由于运输业从业企业多为私营企业,美国政府借助全社会较为成熟的诚信体系,严格执行市场准入制度和招标投标制度,促进企业优胜劣汰;通过法律法规、技术标准、考核体系、安全和环保规定等,对企业的服务质量、财务状况和经营水平等进行严格监管。

(4)大都会区域(MPO)规划协调发展。

美国于20世纪50年代早期开展大都会区域运输研究,关注土地利用和交通之间的相关性,以借助土地利用规划预测今后的交通发展。1954年,美国城市交通委员会成立,其目标是"帮助城市做好系统性交通规划,以最低的成本为公众提供运输服务,帮助城市完成城市复兴与发展的目标设计"。该委员会颁布的《改善城市交通》规划手册第一次完整地以文件的形式确定了城市交通的规划程序。1962年颁布的《联邦资助公路法》明确指出了城市交通规划和建设必须与土地利用规划和城市发展规划配套,在人口达到5万的城市地区,必须以州政府和地方政府之间合作编制的综合性城市交通规划为基础。

美国联邦法典中明确表示,国家鼓励和推广以一种最大化旅客和货物在城市区域中和城市之间的行动力和最小化交通相关的燃料消耗和污染的方式,来促进包括多种运输模式的交通系统的发展。为了完成这个目标,大都会规划机构应当与州合作,制订州内城市区域的交通计划和方案。这些计划和方案将推动交通基础设施(包括行人道和自行车交通设施)建设,并将其作为州内、大都会区域以及国家的多式联运系统的一部分，此外，这些计划和方案将为所有的运输模式提供建议，并且将针对交通问题的复杂性进行持续的、合作性的和全面性的考虑。

11.2 日本

11.2.1 综合交通运输发展历程

日本在经济发展的各个时期，综合运输政策不仅是明确的，而且是实现其经济发展目标的重要途径和手段，每一阶段的变革，都不同程度地对交通运输事业的发展起到了推动作用。依据日本交通行政体制的形成和演变，以及每一阶段的背景和特点，可以将日本综合交通运输发展划分为四个阶段。

(1)发展萌芽——由分散到集中。

从1868年明治维新开始，随着资本主义经济的迅速发展，日本陆续出现了港口业、仓储业、铁路运输业、车辆制造业、海事及其相关业务，逐渐形成了各个行业的全国性行政机构，但是，一直到1943年成立运输通信省的75年内，日本的交通行政一直分属于各个部门，而且变动频繁，始终未能从组织制度上形成集中的行政体制。交通行政的长期分割，造成"政出多门"和"各自为政"的现象，从而严重地妨碍了多种运输方式之间的有机联系和协调发展，进而影响了国家宏观调控效能的发挥，阻碍了综合运输服务能力的提升。

1943年，日本在内阁会议上做出了撤销递信省和铁道省、成立运输通信省的决定，机构重组使中央政府对交通运输的管理从分散走向集中，以保证政府统一协调和管理各种运输方式。在这一阶段，日本完成了对不同运输方式在管理体制上的统一管理，但此时并没有真正解决不同运输方式之间的有效衔接以及综合协调等问题。

1945年5月19日，日本内阁做出将运输通信省划分为运输省和通信院(内阁机构)的决定，从此，运输省就成了专门负责交通行政、致力于发展交通运输事业的政府部门，这次由分散到集中的交通体制变动，虽然没有全部达到预期的目的，但为后来行政体制的进一步调整、改革以及交通政策、法规等的全国统一化奠定了组织基础。1955年，日本制订经济发展计划时，首次使用了"综合交通体系"这一概念。

(2)发展初期——由集中到统一。

20世纪60年代，日本国民经济已经基本恢复，1960年制订了国民收入倍增计划，经济进入高速增长时期，但此时日本交通运输业仍然落后，成为了阻碍经济社会高速发展的瓶颈。为改变这种现象，日本把公共基础设施建设作为日本交通发展的重点，并开始重视综合交通的研究和有关政策的制定。为了更好地实现经济发展目标，日本政府制定了重点改善港口和主要交通干线道路的交通政策。国家重点投资扩建港口能力，改善港口设施和服务设施，同时集中修建了高速公路、电力机车铁路线，并着手建设东京至新大阪的新干线，这些政策措施对于促进国民经济迅速发展起到了至关重要的作用，也为发展综合运输打下了基础。1971 年日本成立了“运输政策审议会”，并在经济企划厅综合计划局内设立了“综合运输问题研究会”。

1973 年，日本经济结束了高速增长时期，进入了稳定增长阶段。在此期间，日本出现了人口和产业向地方分散的征兆。为了适应新的形势，1977 年，日本政府制订了第三个全国综合发展计划，计划特别强调各级地方政府率先改善本地区的生态环境和条件，并形成定居圈，同时控制人口和产业向大城市集中，力求整个国土的平衡开发和利用。围绕着计划发展目标，该时期的交通政策主要是力求改变集中在东京地区的交通干线体系，建立全国范围内的综合主干线结构和纵横交错的支线(包括陆地、航空和航海)交通网。这一时期，日本交通运输业发展很快，高速公路纷纷投建，仓储条件大为改观，汽车迅速普及和集装箱船的出现极大地促进了综合交通的发展。

(3)发展中期——由统一到综合阶段。

进入 20 世纪 80 年代后，整个日本社会经济面临地区差异增大、信息化技术发展、小汽车比重上升以及人口老龄化等问题，为了应对以上发展变化，日本需要制订综合性交通政策和总体规划，采取综合性行政措施，配套系列综合法规。此时，日本开始酝酿交通行政体制的进一步革新，在运输省内部一官房七局的建制中，撤并和新设 5 个局，部、科级机构也做了很大调整，可以说完全打破了以往的机构设置，根据新时期所面临任务的需要，确立了全新的交通行政体制。

1981 年，日本运输政策审议会特别强调：实施综合交通政策对保持经济长期稳定增长的必要性。这一时期日本对综合运输体系的政策是：构建与经济发展、国土开发计划协调配合的运输系统；各种运输方式的合理分工；综合运输设施的建设；运价政策；税收、补贴及财源筹集；能源、环境保护对策等。针对新形势，日本发布了“日本 21 世纪的展望”的报告，并在此基础上制定了第 4 个“全国综合发展计划”，计划提出的发展目标是使全国土地结构从目前的东京“单一的集中型”转变为“多级的分散型”。围绕着这一目标的交通政策是建立全国范围内的更密集的综合高速交通网络。除了主要大城市、地区城市和地区核心城市之间集中的纵向线路外，还要建立地区城市之间的横向联接网络，使整个国家的交通网络从 20 世纪的“树干型”，转变为全面完善的覆盖型。20 世纪 80 年代以后的“综合性交通政策”为日本同期经济高速增长、国土开发、应对全球化和老龄化等的调整发挥了重要作用。

这一阶段日本将交通基础设施建设作为重点，在全国范围内开展了包括高速公路网、新干线铁路运输网、沿海港湾设施、航空枢纽港、流通聚集地在内的各种基础设施建设，构造新型的物流运输体系和仓储系统。这些基础设施具有世界领先水平，为扩大物流市场和促进物流业的发展提供了有力保证，极大地促进了交通运输的发展，具有显著的经济效果。

(4)成熟阶段——由综合到完善。

21 世纪以来，日本面临国内外的巨大变化，包括 20 世纪日本经济高速发展留下的环境问题和安全问题，还有经济发展缓慢和老龄化社会到来产生的新问题。为了对国家土地和运输进行综合、有效的管理，在 2001 年新一轮政府机构改革框架中，日本对运输省组织架构进行了较大幅度的重组与整合，将原运输省与建设省、国土厅以及北海道开发厅合并成立国土交通省（Ministry of Land, Infrastructure, Transport and Tourism, MLIT），MLIT 的建立使内陆、海岸、航空运输等紧密联系在一起，真正实现不同运输方式之间的协作与衔接。

该阶段，日本已经基本形成了现代化综合运输体系并逐步走向成熟。人口老龄化与出生率的降低以及远程办公、电子商务、信息技术的快速发展，使得社会对交通需求的增长大大减缓，数量上供给不足不再是主要问题，除了个别大都市圈以外，交通瓶颈已经基本不复存在。目前，综合交通的研究在日本已形成一门学科，一般称之为“综合交通论”或“综合交通政策论”。

11.2.2　综合交通运输发展特点

日本人口密度高、土地的空间开发强度大，经过多年的发展，已经形成了以铁路、轨道交通和地铁等大容量、集约化运输方式为主的综合交通线路网。城市交通是保证城市正常运作和完善城市功能的基本手段，也是综合运输体系的重要组成部分。多年来，日本政府一直推行“一极集中”的政策，人口和财富过密地集中到东京、大阪和中部这三大都市圈。因此，城市交通是日本综合交通运输体系建设的重点，在发展国家干线运输体系的同时，日本更侧重于城市交通政策的研究以及城市交通的规划和建设，把城市交通作为城市化进程的先导，较早地进行了大量投入；同时根据城市交通的特点和发展趋势，科学合理地确定了城市交通的发展模式，使城市交通的发展适应城市的快速发展需求，逐步形成了“以城市交通为主的综合交通发展模式”。日本的综合交通运输发展具有以下特点。

（1）公共交通方式在综合交通体系中占主导地位。

在日本的综合交通体系中，公共交通方式占主导地位，通勤铁路、城市轨道和公共汽车等多种公共交通方式组成发达的公共交通系统。日本的主要城市如东京、横滨、大阪等大城市，都有非常完备的公共交通系统，主要公共交通形式为地面快速铁路、地下快速铁路、中型轨道电车、有轨电车、公交车、出租车等，并且每种公共交通方式之间都有很好的衔接。

最具代表性的城市是东京。在东京，有超过 90% 的人选择乘坐轨道交通工具上下班，选择私家车的只有 6%。这不仅缓解了交通拥堵的问题，而且对保护环境也发挥了明显的作用。整个东京都市圈内遍布了长达 2973 公里的轨道线，远远超过巴黎（1603 公里）、纽约（1473 公里）和伦敦（1192 公里）。为了缩短通勤时间，郊区的私营轨道线路直接与中心区的线路相连，而且轨道系统形成了多层次结构。长距离出行可以利用快速轨道线路或快速列车，比如，50 ~ 100 公里的出行距离可以使用新干线（高速客车），

30～50公里使用快速列车，距离更短的使用普通地铁。东京都市圈轨道系统的多层次结构见表11-1。

东京都市圈轨道系统的多层次结构　　表11-1

轨道类型	站间距（公里）	运营速度（公里/小时）
新干线（高速客车）	30～50	120～130
城际列车（JR）	5～6	50～60
快速列车（私营）		
普通列车（JR、私营）	1～2	40～45
地铁	0.5～1	20～35
单轨铁路	0.5～1	20～30
自动导轨电车		

为形成不同交通方式之间的顺畅联接，政府采取了若干措施，包括轨道线的内部连接（同一站台同一方向）、轨道与公交的枢纽连接以及适合于联运的统一IC卡的使用等。日本轨道交通依靠自身的优势吸引了乘客，同时降低了人们驾驶私家车出门的需求。

（2）始终贯彻“以人为本”的发展理念。

随着日本国民收入水平的提高和休闲时间的增加，移动的便捷性、运送的效率性、环境的和谐性以及需求的多样性和个性化被放在了更重要的位置。坚持“以人为本”，优质高效地满足不同群体、不同阶层的运输需求是日本交通运输发展的基本理念。从综合交通来看，主要体现在以下两点。

①积极发展旅客联程运输服务。日本铁路积极发展旅客联程运输服务，高度重视客运专线与既有线一体化运输组织研究，以及与其他运输方式换乘方案的研究和实施，为旅客提供个性化、高效率的出行服务，建立了较完整的“无缝运输”理论与方法。其主要目的是改善高速铁路与既有铁路及其他运输方式的节点衔接条件，尽可能压缩换乘过程中的空间距离与时间距离，从而提高整个旅客运输系统的质量和效率。

②枢纽的便捷换乘体系。日本综合客运枢纽通常建设立体的交通换乘体系，充分整合各种交通运输方式，紧凑安排各种接驳方式，取消不必要的换乘流线，旅客不用出站即可快速完成铁路与各种交通工具的“快速零换乘”。车站周边规划与车站空间规划相协调，不仅在地面层的各个方向都有多个进出口，地下层也有很多通道直接通到周边建筑或者地上，使得旅客疏散迅速、方便。

（3）综合运输发展政策始终与经济社会发展相互促进。

综合运输系统是一个国家或地区的经济系统与外部进行交流活动的主要途径，运输系统的协调发展能够增强经济系统对内外环境反映的灵敏程度，进而推动经济发展，而经济发展又将促进综合运输系统的协调与可持续。日本综合运输政策的具体制定和实施与当时经济社会发展状况相互协调、相互促进,运输业的发展反映了社会生产对其的需求,同时生产力水平的提高又促进了综合运输的发展。日本各经济时期的综合交通政策的制定是受其经济和社会发展状况影响的,同时,综合交通政策的制定和实施也进一步地为经济社会服务,推动经济社会发展。例如,综合运输政策的制定应满足人口发展所带来的新的运输质量和数量要求,日本针对21世纪社会出现的人口老龄化现象,在制定相关综合运输政策时,采取了相应措施。

11.3　欧盟

11.3.1　欧盟综合交通运输总体发展历程及特点

(1)发展历程。

交通政策是欧盟最重要的政策之一,该政策基于欧盟法(协议)(EU Treaty)第5章第90至100条,致力于消除成员国之间的国界障碍,保证个人和货物的自由流通,从而实现欧洲共同市场(Single Market)的目标。“二战”后,指导欧洲交通发展的三项原则:

①欧洲共同市场原则(Principle of the Single Market),即欧盟法有保障欧盟境内自由贸易的条款,以促进经济发展和繁荣,而自由贸易来自畅通的交通运输;

②安全原则(Principle of the Safety);

③反歧视原则(Principle of Non-discrimination),即欧盟所有成员国的车辆、操作人员或运输公司享有相同待遇,不得有歧视,包括旅客的权益保障,如法国司机在比利时应得到与比利时司机相同的待遇,这条原则不仅有效地促进了运输市场的发展,也防止了国家保护主义。

进入20世纪90年代,随着经济发展,欧洲交通运输迎来了新的挑战,主要表现如下:

①各种交通运输方式发展不平衡;

②主要的公路、铁路、城市交通和某些机场拥堵状况加剧;

③交通行业造成的环境问题不仅影响公共健康,而且加剧了交通安全问题。

为应对这些挑战,可持续交通、解决环境及空气质量问题被提上发展议程,成为欧洲交通政策的新目标,但之前的三项原则仍保有其原有的重要性。这个时期目标和理念的变化,系统地反映在四个欧盟委员会的文件中:《1992白皮书:共同交通政策的未来》《2001白皮书:欧洲大陆的可持续交通》《2006年对2001年白皮书的中期评估报告》《2001白皮书:迈向资源节约型更具有竞争力的欧洲交通》。

进入21世纪,可持续交通成为欧洲综合交通运输体系发展的宗旨,具体目标包括:

①截至2050年,300公里以上的客货运基本转向铁路;

②截至2030年,30%的300公里以上的道路货运转向铁路或水路运输方式;

③到2030年,欧洲的高速铁路长度要达到现在的3倍;

④到2050年,所有的核心机场网络要和铁路网络接驳,以高速铁路为佳;

⑤到2050年,所有的海港实现与铁路的接驳;

⑥到2050年,低碳航空燃料的使用率达到40%;

⑦到2020年,建成现代化欧洲统一航空交管系统,形成欧洲统一的航空(Single European Sky);

⑧在城市交通方面,到2030年,城市的传统能源车减半,到2050年彻底淘汰传统能源车辆;

⑨减少拥堵,安全出行,到2050年实现在欧洲交通网络中的出行时间不超过30分钟。

(2)发展特点。

①基于法律的机构设置、目标和职责。

欧盟的运作基于欧盟协定,即由欧盟议会通过的法律。欧盟有三个机构参与立法,即欧盟议会、欧盟理事会、欧洲委员会。欧盟的综合运输系统由欧洲委员会交通局(European Commission and Transport)通过规划、标准、预算和监测评估机制进行管理,其目标是推动高效、安全、环境友好的交通运输业发展,为经济发展、增加就业创造条件,具体包括:为欧洲共同市场服务,保证多模式联运无缝衔接,为公民和企业提供经济优质的运输服务,保障安全出行,保护乘客权益;预测分析欧盟交通运输前景,在国际社会中寻找合作伙伴,并保护欧盟工业及其在全球的权益;建设欧洲交通网络,使之成为多模式交通系统中的骨干,为欧洲跨国连接城市走廊提供解决方案;制订创新计划,促进新一代可持续运输技术的开发,特别是综合交通管理和低碳车辆的开发;与欧盟成员国、欧洲的工业、全体公民及利益相关方一道共同实现目标;行使欧盟法(欧盟协定)中明确的职能;通过实施标准、长期发展规划、财政预算、具体项目以及监测评估等手段管理欧洲的综合交通运输系统。

②以规划为基础的机构内和机构间的协调机制。

欧盟交通发展规划和配套的财政预算由欧盟委员会交通局向欧盟议会提出,经过相应的立法程序批准,并具有法律效应,如需更改,也需通过同样的立法程序。如此的决策程序保证了规划、标准和预算等重大决策得以实施,并且不会存在"朝令夕改"的现象。在道路运输方面,要推动高效、安全、环境友好的道路交通;海洋和内陆水运业要发展基础设施,简化管理制度,建立有效的"海上机动化运输线路"(Motor ways of the Sea)。安全至上是欧盟交通运输体系的一贯原则:用户是交通政策的中心(以人为本),道路安全是用户的首要要求。同时,鼓励共同促进交通安全及清洁技术的推广和使用。交通局针对道路安全、基础设施建设、燃油税及多种交通运输方式的协调和接驳等问题也提出了具体措施。

③欧洲交通运输网络计划(TEN-T)。

该计划于2014年经欧盟议会和欧盟理事会批准,重点是基础设施建设。有了上述规划以及配套的预算(预算的批准也走立法程序),交通局各个部门按照各自的功能实施规划和预算。如欧洲交通运输网络计划主要由基础设施处负责,同时要协调其他处室共同执行,特别是多模式接驳项目。欧盟推出这一计划,主要是为了解决欧洲交通基础设施发展不平衡的问题,新近加入欧盟的国家,因其基础设施条件落后,成为欧洲整体和其本国经济发展的瓶颈和障碍。这一计划要在2030年建成欧洲交通运输网络中的核心网络,跨越国界连接所有的成员国。

11.3.2 德国综合交通运输发展历程及特点

(1)发展历程。

德国是位于欧洲中部的联邦议会制共和国,由16个联邦州组成,最大城市为首都柏林。纵观德国历史,自1871年德意志帝国建立,在150余年内,德国先后历经两次世界大战、东西德分裂及统一等重大历史事件,国家体制多次剧变,交通管理体制也经历巨大变迁。尽管如此,德国仍然拥有世界一流水平的综合交通体系,这与历史上各个时期重视交通运输发展密不可分。依据德国联邦层级交通管理机构的形成及演变进程,可将德国综合交通发展分成四个阶段。

①缺乏独立的交通管理机构。

1871年1月建立的德意志帝国是一个联邦制国家,由22个邦国、3个自由市和1个直辖区组成。统一后的德意志帝国,经济、科技实力发展迅猛,在20世纪初成为了世界第二大经济体。

这一时期,德国交通运输领域最大的成就是铁路的快速发展。早期德意志帝国的铁路是由各个邦国的私人企业自发兴建的,后来,为支持工业化进程,德国通过对原有的地方铁路公司进行重组和国有化,逐步形成国家层级的铁路公司(如普鲁士国家铁路公司),推动了铁路的迅猛发展,到了1913年,德国的铁路总里程已达6.3万公里,超过英国的3.2万公里,成为仅次于美国的世界第二大铁路网络。在地方交通方面,1881年,柏林建造了世界第一条有轨电车,这种运输方式成为20世纪前半叶德国最重要的地方交通运输方式。然而,在德意志帝国时期(1871—1918年),真正现代意义上的交通运输管理机构尚未成立。

②成立帝国交通部——涵盖公路、水路和铁路。

1918年第一次世界大战失败后,德意志帝国宣告崩溃。1919年2月,魏玛共和国(1919—1933年)成立。1919年魏玛共和国成立了帝国交通部,包括汽车交通司和水运司等部门,以及帝国铁路。1921年一家私人公司在柏林建成了世界上第一条高速公路。希特勒上台后,出于拉动内需和战备的需要,开始大规模修建高速公路,1935—1942年是德国高速公路的第一个大规模建设阶段。1937年初,帝国铁路被重新归入帝国交通部的直接管辖范围,交通部的部门数目也明显增多,包括交通和资费司、运营和建设司、机械技术和采购司、财务和法律司、人事司、车辆交通司、海洋和内河运输司、河道建设技术司。

③成立联邦交通部——主管公路、水路和航空。

1945年第二次世界大战结束后,根据《雅尔塔协定》和《波茨坦协定》,1949年5月23日,西部区合并成立了德意志联邦共和国,政体为联邦议会共和制国家,历史上又称西德(1949—1990年),首都设在波恩。在受战胜国制约的情况下,西德竭力寻觅生存与发展之路,经过几年的奋斗,到50年代中期,工业生产重新回到世界工业大国的地位。在此期间,西德建立了联邦交通部,主管公路运输、水路运输和航空运输。

作为战后恢复生产的重要一步,自1953年起,联邦交通部开始进行大规模的高速公路建设。20世纪60年代中期到70年代中期是其里程增长最快的时期,达到将近500公里。到20世纪80年代初,西德境内的高速公路通车里程已接近8000公里。由于公路网建设和公路货运的快速发展,公路运输对铁路运输造成了很大的冲击,成为铁路运输强有力的竞争对手。在20世纪下半叶,西德的公路交通逐渐取代铁路,成为最主要的交通运输方式。为了保护铁路运输,联邦交通部制定了多项政策,包括对公路货运实施额度调控管理以及对公路货运执行国家货运价格。另外,以公铁联运为代表的货物多式联运也在这一阶段保持增长态势,相对减缓了铁路货运持续下滑的势头,并平衡了与公路货运的差距。

④成立联邦交通、建设与城市发展部——集公路、水路、铁路、航空、城市规划、建筑于一体。

1990年,东西德合并,德国实现了统一,首都迁回柏林。随着欧洲范围内经济活动的逐步统一,分工日益精细化以及跨境旅客和货物运输的日益频繁,德国的交通运输市场也一步步走向开放。但是,由国家调控的运输成本和价格政策严重限制了德国交通运输企业的竞争能力和革新能力。因此,1993年德国取消了公路货运、内河航运以及铁路客货运输的价格调控政策,同时又在1998年放弃了对公路货运的额度调控政策。1994年,为进一步缓解公路运输带来的冲击,德国铁路启动改革,原西德国家铁路和东德国家铁路重组合并成新的国有独资企业——德国铁路股份有限公司,政府层面还专门在联邦交通部下属成立了联邦铁路局,负责安全和投资等事项的监管工作,这标志着联邦交通部的职责开始涵盖公路、水路、铁路和航空四种运输方式。同时,在公铁联运的基础上,1996至2000年间,德国公路、内河联运发展迅速,其中主要的货运量由莱茵河内河航运完成,内河与德国海港之间的集装箱运输发达是公水联运增长的一个主要因素(比如易北河与汉堡港之间的集装箱运输)。

基于一体化的运输理念,1998年,新上台的施罗德政府将联邦交通部与联邦区域规划、建设与住房部合并,成立联邦交通、建设与住房部,目的是在推动制定跨运输方式政策的基础上,将交通运输与城市和空间规划更紧密地联系在一起。2005年,联邦交通、建设与住房部更名为联邦交通、建设与城市发展部,并沿用至今。作为政府机构,联邦交通、建设与城市发展部主要负责交通基础设施建设(包括联邦公路、高速公路、铁路、内河航道、内河港口及海港等)、交通运输法规制定、运输车辆管理、运输市场经营行为及安全监控、交通事故调查、气象信息服务等,不直接干预企业的微观活动,主要是通过搞好运输市场基础设施规划建设和加强管理,综合运用行政、法律、经济手段,对运输市场实行间接的宏观调控。

20世纪末的这次整合意味着德国几乎所有与交通运输和规划建设有关的投资和管理职责(包括公路、铁路、内河航道、空运、城市规划、建筑行业)都归于一个部门。在此之后,各种运输方式均衡发展,衔接紧密,发达的综合交通运输体系堪称世界一流水平。

(2)发展特点。

德国国土面积虽然不大,但其以公路、铁路、内河航运、海运和民航运输为基础构建的现代化综合交通运输体系对德国的经济社会发展发挥着重要作用,对整个欧洲的交通运输发展也具有十分突出的影响。从德国的综合交通发展历程来看,德国综合交通运输体系的形成经历了一个漫长的过程,直到1990年两德统一后才形成铁路、公路、水路、航空并驾齐驱的发展势头。在漫长的发展过程中,联邦层级的交通主管部门从无到有,从单一到综合,逐步打破传统运输组织形式分工,实现运输组织多方式的统一,从以往着重强调运输分工,转向了各种运输方式的组合和发展,从过去以相互竞争为主转向了现在的紧密合作,构建不同运输方式的统一体,并实现统一体内不同运输方式的平等包容和相互补充。完善法律法规和强化政策调控是交通主管机构对运输市场实行调控和管理的主要手段,避免了不同运输方式间盲目的竞争与运输市场内部供求的失衡。另外,为满足多样化、多层次的运输需求,交通主管机构注重发挥不同运输方式各自的比较优势,比如德国莱茵河沿岸企业需要的煤和矿石,采用内河运输的组织方式优势较大,"汽车城"斯图加特生产的汽车则是用火车向不来梅港口运送更加高效,大城市群众的出行,乘坐公共交通更加方便快捷,也更加环保。城市中心庞大的地铁线路网络加上城市周边的公交网络布局,不仅实现了各种运输的协调发展、优势互补,也满足了不同区域多层次的运输需求。综合来说,德国的综合交通运输发展具有三大特点。

①职能部门横向集成。

德国交通、城市规划建设两个部门集成为联邦交通、建设与城市发展部一个部门,以利于综合运输的充分发展,树立了发展大交通,建设综合交通运输体系的理念。德国政府认为:发展交通应从资源综合利用及可持续发展的战略高度,以建立现代化综合运输体系为目标,发挥各种运输方式的优势,充分挖掘各种运输方式的潜力,促进各种运输方式的协调发展。德国的"大交通体系"管理模式在世界上都是属于走在前列的,其中一个重要的体现就是联邦政府对铁路、公路、水路、航空的管理仅仅是联邦交通、建设与城市发展部的一个组成部分。这种体制安排实际上正是德国贯彻"综合集成"思想的结果。与此相适应,在运输领域,各种运输方式协调比较紧密,多式联运比较发达。例如,港口在集装箱码头后方不但具有良好的公路集疏运通道,而且都有良好的专用铁路服务中心和内河集疏运码头,同时规划建设有专用的物流中心设施;再如机场不仅与疏港高速公路相连,而且有地铁与所在城市连接,有铁路车站与其他城市连接。

②从“限制竞争”到通过竞争提升运输服务水平。

以运输价格为例,西德时期,为了保护国家经营的铁路运输利益,联邦交通部出台了公路货运执行国家货运价格的政策,这一时期的政策也可被称为“限制竞争”政策。按照货物种类、运输距离和运输方式,政策中明确了长途运输的基价和短途运输的最低限价。随着市场经济的逐步发展和运输市场竞争的扩大,国家定价的弊端日益显露,过高或过低的运价都会发出错误的市场信号,导致不同运输方式间盲目的竞争。为此,德国在20世纪80年代初放开了国际运价,90年代又放开了国内运价,实现了运价统一开放的管理模式。价格放开后,竞争成为德国运输市场活动的基本形式,各种运输方式、客货运、长短途运价都有不同程度的下降,运输企业通过改善服务,改进技术装备,以求获得更大的市场份额。

③法律法规不断完善。

在对运输市场的宏观调控上,联邦交通、建设与城市发展部主要依靠法律的手段加强对运输市场的各项管理,凡涉及培育、发展和调控运输市场的重大问题都通过制定法律来加以规范。就联邦法律而言,规范道路运输的主要有《联邦公路货运法》《联邦公路客运法》《短途交通法》《联邦长途公路法》《公路运输审批条例》《公共短途营运地方化法》《公路交通条例》《公共交通法》等。这些法律对从事营业性运输的市场主体行为、市场准入条件、市场竞争和交易规则等都进行了规范,做了规定。法律规定自备性运输,不得从事营业性运输,对自备性运输国家管理相对较松,而对营业性运输管理严格,凡属从事营业性运输者要进入运输市场,必须依照法律的有关规定经过交通部门逐个批准;保护运输市场公平竞争,如客运线路与经营企业的配置,通过招投标办法竞标经营,一般经营期不得超过8年。

第 12 章 国外综合运输服务发展趋势和战略

12.1 美国

2015 年,美国交通部正式发布了《2045 美国交通运输展望》报告,该报告分析了未来 30 年美国可能存在的一些关键性交通运输问题,并给出相关解决方案,如无人机和自动驾驶车辆的使用等。

(1)人口及出行的发展趋势。

人口增长:2015 年美国人口 3.2 亿,到 2045 年将达到 3.9 亿,在未来 30 年里增长 7000 万,这比目前纽约州、得克萨斯州和佛罗里达州的人口总和还要高。

交通拥堵:平均每人每年有 40 小时浪费在交通拥堵上,共造成 1210 亿美元的经济损失。

老龄化:到 2045 年,65 岁以上的老人比现在增加 77%,并且其中三分之一会遇到行动障碍。

新生代:到 2045 年,将有 7300 万年龄介于 18 岁至 34 岁、与互联网相伴的群体,他们比上一代少开车 20%。

收入差距:收入不平等进一步加剧,10% 的富人收入占全国总收入的三分之一。由于交通运输是美国普通家庭的第二大项支出,因此中低收入者的生活会更加窘迫。

人口迁移改变都市空间分布:最大的 11 个都市区集聚了全国 75% 的人口和就业;在 2014 年,36.5 万人从美国北部迁移到南部,比上一年增加了 25%,向西迁移的数量则翻了一番。

(2)货物运输的发展趋势。

交通与经济增长:到 2045 年,美国经济总量将达到 36.7 万亿美元,比现在增长 115%,其中交通运输领域的产出将达到 1.6 万亿美元。

生产与出口:国际贸易是美国经济的增长点之一,2013 年已达到 2.3 万亿美元,每 10 亿美元的出口会带动 5000 个就业岗位。

能源消费：交通运输领域的能源需求增长幅度超出预期，将达到 2008 年的 42 倍。

货运量：到 2040 年，美国的货运量将达到 290 亿吨，增长 45%；货物价值达到 390 亿美元，增长 125%。

货运结构：卡车是货物运输的主要方式，将从 2012 年的 132 亿吨增长为 2040 年的 188 亿吨，其他方式也将有大幅增长。

卡车拥堵的经济代价：到 2040 年，最繁忙的 3 万英里公路将陷入日常性拥堵，每年造成约 270 亿美元的经济损失。

(3)运输的发展战略方向。

车联网：将极大地提高车辆行驶安全，使事故死亡率在未来下降 80% 以上。

机器人：正在改变交通运输系统的管理方式，在很多方面发挥重要作用（如设施检测），这将对交通运输行业的就业产生深远影响。

下一代航空运输系统：将引领美国航空运输迈向更加安全、高效的未来，到 2020 年，该系统能够实现每秒钟更新 3 万架航空器的实时坐标和速度。

出行者实时信息：90% 的成年人拥有手机，20% 的人使用手机查阅实时路况和公交信息，智能手机普遍应用于出行导航。

大数据：全球数据量将以每年 40% 的速度递增，强大的数据处理能力将使拼车、合乘、实时响应公交服务（在波士顿等地已经出现）变为现实。

(4)影响交通发展的气候发展趋势。

气候变化：原来百年一遇的暴风雨雪以每 3 到 20 年一次的频率发生。

温室效应：到 2050 年，气温将升高 2.5 华氏度，热浪将使路面、轮胎、钢轨破损加快，同时干旱使内河航道中断。交通运输是美国温室气体排放的第二大源头，交通运输排放的温室气体占总量的 28%，仅次于能源电力行业(33% 左右)。

海平面上升：预计 2045 年海平面会上升 1 英尺，新奥尔良等城市的滨海地区将不复存在。暴风雨会频繁发生，将导致电力、公路、铁路和航运严重瘫痪。

燃油经济标准：技术进步使燃油经济标准从 1979 年的 19.0 英里/加仑提高到 41.1 英里/加仑，这将减少 140 亿吨的二氧化碳排放。

(5)交通发展资金战略决策。

交通投资：交通系统的改善需要每年投入 1200 亿美元在公路和桥梁方面，而目前联邦、州和地方每年共投入约 831 亿美元；在公共交通方面需要每年投资 420 亿美元，而目前仅有 171 亿美元的投入。

交通基础设施：总体上美国交通基础设施评价等级仅为 D+，65% 的道路状况欠佳，25% 的桥梁需要大修，50% 的船闸已运营超过 50 年。

交通支出下降：联邦汽油税 20 年没变，受通货膨胀影响，其实际价值已经严重缩水，导致每年用于投资公共交通和公路的资金缺口分别达到 40 亿美元和 120 亿美元。

道路使用者收费政策：为弥补日益扩大的资金缺口，俄勒冈州试点征收道路使用费,采用每英里1.56美分的标准,替代每加仑汽油30美分的州税,以此挽回因燃油经济性大幅提高导致的以油耗为税基的税收损失(高达500亿美元)。

12.2 日本

2013年底日本通过了《交通政策基本法》,明确了交通相关政策实施的基本理念,提出日本长期交通发展政策,指明未来具体政策实施的方向,如:确保日常生活所必需的交通体系、提高国际竞争力、应对大规模自然灾害等。立足于《交通政策基本法》中所提出的长期交通政策发展方向,2015年2月,国土交通省发布了《日本交通政策基本规划(2014—2020)》,明确了2014年至2020年规划期内,日本交通相关政策的基本方针,规划期间内需完成的目标,以及针对各目标在推进过程中的具体政策实施。

(1)基本方针。

为了解决交通领域的各种问题,日本政府明确了未来交通发展的核心方针,包括三个方面:一是为了应对地域性的社会结构性变化,确定由地方政府牵头,敦促各方积极合作,打造完善的、新的区域性综合交通运输体系,构建可持续的、有地方特色的区域交通网络;二是积极推广PPP等投资模式,广泛调动各方面的优势力量,建设适应社会发展需要的运输、物流体系,确保经济社会的发展和繁荣;三是构建国民关心的安全、便捷、可持续发展的交通运输体系。

(2)基本方针的内涵。

在确定的方针中,日本政府强调:"在建设公共交通运输网络过程中,需要充分调动民间力量,从国民的需求出发,推进交通运输服务体系建设。"

在人口规模不断缩小、年轻人向大城市迁徙加快的大背景下,相关的服务企业对日本人口结构变化显著的地区进行了交通服务成本测算,结果显示,按照现有的价格进行收费,企业将难以继续提供高水平的交通服务。此外,日本的人均寿命不断攀升,平均值已经接近90岁,高居世界首位,老年人口数量不断增加。因此,人性化、更高水平的公共交通服务将变得更加重要。日本政府提出的解决办法是由地方政府牵头,整体规划、国家拨款和地方自筹相结合,促进多种投资模式并存,敦促地区内部各方面分工合作,构建新的、功能型的地区综合交通运输体系。在地方中小城市和交通服务可以辐射到的地区引导迁居,通过旅游观光等措施促进人口流动,确保地区活力,以延缓中小城镇消失的速度。

日本政府吸取了2011年东日本大地震的教训,大力修缮公共基础设施,与之相配套的软实力方面的措施也同步跟进。在环境方面,作为世界经济强国,日本交通运输领域的二氧化碳排放量很大,政府在导入新能源、防止生态破坏等方面也提出了规划、措施和具体目标,并不断调整完善。

为了解决日本当前交通运输领域存在的问题,日本政府给自己设定了一些目标:一是重新规划构建新的地域交通运输体系，应对社会结构变化所产生的影响，根据地域状况，确定了立体式、多样化、集约化、效率化的交通服务发展模式；二是打造无障碍的出行体系，完善现有的物流运营模式，在为2020年东京奥运会、残奥会提供高品质服务的基础上不断摸索，为今后日益增加的老年人提供便捷的、人性化的出行服务；三是通过扩大地区间人口、物流的规模和效率，缓解人口减少、城镇消失所带来的负面影响，提升国家交通物流网络的国际竞争能力；四是向全世界推广日本交通基础设施建设、管理、养护、服务等领域的标准、技术、信息、经验，实现产业化；五是探索强化交通领域安全的新方法，培养行业所需人才。

根据规划中提出的日本交通发展三个核心方针，在每个方针下，设有4个不同侧面的政策目标，每个政策目标下又有多个具体指标支撑，具体指标共计50余项。

12.3 欧盟

12.3.1 欧盟总体发展目标和战略

2011白皮书《迈向资源节约型更具有竞争力的欧洲交通》为欧盟交通运输发展长期战略规划。白皮书的宗旨是促进欧洲的经济、社会和国家之间的协调发展，“白皮书”制订了2050年发展目标。

(1)发展目标。

进入21世纪，可持续交通成为欧洲综合交通运输体系的宗旨，具体目标包括：截至2050年，300公里以上的客货运基本转向铁路；所有的核心机场网络要和铁路网络接驳，以高速铁路为佳；所有的海港实现与铁路的接驳，在有内陆水运的地方要与内陆水运系统接驳；低碳航空燃料的使用率达到40%；传统燃料在远距离运输的使用率从2005年的水平减少40%。到2030年，欧洲的高速铁路长度要达到现在的3倍。到2020年，建成现代化欧洲统一航空交管系统，形成欧洲统一的航空(Single European Sky)。

在城市交通方面，到2030年，城市的传统能源车辆减半，到2050年彻底淘汰传统能源车辆；减少拥堵、安全出行，到2050年实现在欧洲交通网络中的出行时间不超过30分钟。

(2)发展策略。

“白皮书”提出40项具体实现目标的措施，旨在平衡各种运输方式，重振铁路运输，推动海运和内陆河运，控制航空运输的增长。每一项都设有量化目标和预算的支持，便于监测评估。欧洲委员会交通局的各个业务部门按照“白皮书”提出的目标、计划和措施各司其责。

在道路运输方面，要推动高效、安全、环境友好的道路交通——推动高效的客货运服务、扶持行业内公平竞争、指定推广实施安全及环境标准、保证财务和社会公平的和谐性、消除道路运输中的歧视规定。铁路运输的目标是建立高效、有竞争力、安全的综合铁路货运网络,重振铁路运输系统。航空运输业要控制增长速度,保障安全标准的实施,保护环境,优先任务是建立欧洲统一的航空。

海洋和内陆水路运输业要发展基础设施,简化管理制度,建立有效的“海上机动化运输线路”。针对港口建设的措施包括简化对港口运行的行政限制,畅通港口物流衔接,实现就地性连锁接驳。针对内陆水运的措施包括要消除瓶颈、实现技术标准化、建立水运援助系统。

安全至上是欧盟交通运输体系的一贯原则;用户是交通政策的中心(以人为本),道路安全是用户的首要要求;同时,惩罚和鼓励互补,促进交通安全及清洁技术的推广和使用。

另外,交通局针对道路安全、基础设施建设、燃油税及多种交通运输方式的协调和接驳等问题也提出了具体措施。

12.3.2 德国发展规划和政策

(1)联邦交通发展规划。

“联邦交通发展规划”文件(德语的缩写为 BVWP,以下用此简称)是德国交通发展最重要的规划文件,平均每 8 年修订一次,覆盖道路、铁路、水路三个方面的交通建设投资框架,决定了德国交通运输的发展走向,地位等同于我国的“综合交通运输五年发展规划”。

德国联邦交通部发布的最新规划文件是 BVWP 2030,规划年限为 2016 年到 2030 年。新规划计划用 2696 亿欧元建设一个可持续发展的交通网络,支持交通基础设施建设领域的 1000 个紧急优先项目。新规划将采取维护优先于新建原则,69% 的资金用于现有网络维护和现代化改造,31% 用于新建;49% 的资金将用于道路建设,41% 用于铁路,剩余资金用于水道和运河。在新规划文件内容中,联邦交通部总结了上一期规划的经验,并综合了德国的发展现状,在制订新规划时,将以下几个方面作为必须面对的问题:应对人口减少、应对交通的大规模化、改善交通网络、提高财政资金与利用效率等。

基于以上的认识,新的规划文件设置了提高客运流动性、确保企业供应提升竞争力、提升交通安全、减少污染物和温室气体排放、保护自然环境、改善生活质量和噪声等几个总体目标。从这些目标中可以看出,联邦交通部四次强调对交通基础设施进行维护与升级,三次表明要提高交通流量与打通“交通瓶颈”,同时将减排、环保、改善生活这三个交通可持续性发展方面抬到一个新高度,为德国交通今后的走向奠定了发展基调。

(2)货运与物流政策。

货物运输和物流业不仅是德国这样一个出口导向型国家的经济命脉,而且是德国的第三大经济产业,年营业额超过 2300 亿欧元,从业人员达到 285 万(2015 年数据)。德国交通运输政策的一个重要目标就是提升德国作为物流中心的竞争力。

2008 年,联邦交通部向德国议会提交了《德国货运与物流总体规划》,并于 2008 年 9

月正式公布实施。该规划分析了德国货物运输与物流业所面临的诸如经济全球化和日益细化的劳动分工、气候变化和环境保护、人口结构变化、持续增长的安全要求等新的环境,系统提出了德国货物运输与物流业发展的总体目标和具体措施,包括:交通基础设施的优化利用——运输的有效组织;减少不必要的运输——保证运输的顺畅;更大地发挥铁路和内河水运的作用;交通运输通道和节点的扩建升级;环保、节能、安全的运输;良好的工作条件和培训水平。

2010 年,联邦交通部根据社会经济的最新情况制定了《德国货物运输与物流行动计划》,重点强调以下 5 方面的内容。

①强化德国作为欧洲物流中心的地位,包括推行国家海洋和内河港口战略,执行 2009 年制定的国家机场战略,在全球范围内推广德国物流产业,在联邦政府层面设立货运和物流事务的专门协调员。

②全面提升各种运输方式的效率,包括在联邦高速公路部署更多的信息管理系统,进行客货运交通分流,修订联邦干线公路、铁路和内河航道的需求计划,进行超长货车和多挂车的实地测试,优化长距离运输和装卸平台等。

③优化各种运输方式衔接的基础设施,发挥组合优势,包括改善组合运输的框架体系,资助多式联运和运能提升技术的研究,制定近海运输战略,分析多式联运的潜能等。

④促进交通运输增长与环境保护的和谐统一,包括减少铁路噪声和货运的尾气排放,提高城市区域的物流水平,通过制定标准的二氧化碳排放计算方法优化货运价值链。

⑤提升货运业工作条件和培训水平,包括在联邦高速公路建造更多的重型卡车停车场地,推进物流领域的基础和高级培训等。

可以说,制定和实施科学合理的货运和物流政策是德国联邦交通部最重要的工作之一,而其中的核心就是推动铁路和内河水运的发展,以及发展以多式联运为代表的现代运输组织方式。

12.4 经验启示

美国、日本、德国等国综合运输服务发展的做法,为我国推动中长期综合运输服务发展、制定中长期综合运输服务发展战略提供了 4 个方面的经验和启示。

(1)大部门制是基础。

随着各种运输方式的逐步完善,交通运输不再是单一运输方式的自我发展,各种运输方式间的统筹、协调、融合,以及与国土开发、产业升级、环境保护等之间的配合越来越受到重视。世界交通强国都经历了从单一运输方式充分发展到各种运输方式互相竞争,直到各方式协调发展的过程,这也是运输走向更高阶段的必经之路。在这一过程中,世界各国通过行政管理体制的变革,帮助交通发展更加符合经济、社会、自然发展的需要。从分散的管理模式走向综合的运输管理是各国普遍的规律。

世界上 90% 的国家都采取了综合运输管理体制，其中还有部分国家尤其是经济发达国家采取超越交通领域更为广泛的管理体制，通过行政管理体制的改革与创新，更好地与国家经济发展、政治需求紧密结合，将有限资源进行分配和利用，提升服务国家发展的战略支撑能力。

(2)法律法规是保障。

我们可以清晰鲜明地观察到，在美国、日本、德国等的交通发展史上，重大法制建设一直起到了重要的先行保障作用。比如美国，是世界公认的法治国家，国家一切的重大决策与行动事项，首先必须诉诸法律程序，而不能由某个政党、领袖说了算，交通管理的历次重大行动也不能例外。从成立美国运输部，确定美国综合运输管理机构，到 1991 年冰茶法案以及续冰茶法案的颁布，标志着美国新的运输革命的开始，以及这前后 50 年围绕各种运输方式充分发展而颁布的各类法令、政策，都是以庄严的法案来确立综合运输体系建设的地位和决心。

(3)技术革命是动力。

纵观世界发达国家的综合运输服务发展历程，每一个交通强国，必然经历过充分利用技术革新带来交通进步的过程，从而推动交通运输快速发展，占领交通发展的制高点。

美国的交通发展历史，就是一部创新驱动的历史。美国紧紧抓住了每一次技术革命的契机，促进了各种运输方式及时、充分地发展。19 世纪初，以蒸汽机为代表的技术革命，促成了美国水路运输的兴起和铁路运输的大发展；20 世纪初，内燃机技术的大力使用，使汽车的应用广为普及，公路运输得以迅速发展；第二次世界大战以后，航空技术日趋成熟，美国民用航空运输迅速崛起。21 世纪，信息技术快速发展，美国大力发展智能交通、推动科技创新、推行透明政府，全力推动交通发展迈上智能化的新台阶。德国与美国的情况类似，借助在第二次工业革命中的技术发明，德国成功制成了第一辆用汽油内燃机驱动的汽车，推动了德国汽车业的快速发展。1881 年，柏林建造了世界第一条有轨电车，成为 20 世纪前半叶德国最重要的地方交通运输方式。如今，德国的磁悬浮铁路尽管使用范围不广，但也是世界上掌握高速列车核心技术的少数国家之一。

(4)发展战略是引领。

纵观世界主要发达国家在交通行业的发展历程，各国都非常重视发展战略规划的引领作用，制定了中长期发展战略或规划，绘制了综合运输服务的发展蓝图，并提出了运输服务的发展方向、目标和方针，有力地指导了运输服务行业的发展，同时，还注重发展战略或规划的落地实施，保障政策的一致性。美国在《2045 美国交通运输展望》中描绘了到 2045 年的综合运输服务假设场景，提出了应对的策略和路径。欧盟在《迈向资源节约型更具有竞争力的欧洲交通》中提出了到 2050 年发展的具体指标和发展的任务。《日本交通政策基本规划(2014—2020)》对日本交通运输发展的基本方针进行了明确的规定。

第13章 国外综合运输服务能力监测

13.1 提高监测水平的方法

欧美发达国家综合交通运输经过长期发展已迈入各种运输方式协调发展、有机衔接的阶段,综合运输服务水平明显提升,效能显著提高,为经济社会发展提供了强有力的交通运输保障。发达国家高度重视综合运输服务能力监测,主要从三个方面提升监测水平。

13.1.1 以立法为纲领保障综合运输服务能力监测水平

发达国家在经济发展要求及资源环境约束等背景下,将综合交通运输作为交通运输发展的核心政策,并通过立法等形式将其上升为国家战略。

美国1991年通过《综合地面运输效率法案》(又称"冰茶法案"),提出"建设高效环保的国家多式联运体系,高效运送旅客和货物,提升美国的国际竞争力",1998年又颁布了"续茶法案",延续和深化了有关政策。美国联邦政府依据"冰茶法案"成立了交通数据局(The Bureau of Transportation Statistics, BTS),根据法律规定,BTS负责管理全美交通方面的数据收集、分析和报告,确保最有效地使用有关交通信息资源。"冰茶法案"极大地保障了综合运输服务及相关监测工作的顺利进行。

欧盟交通发展规则以及配套的财政预算由欧盟委员会交通局向欧盟议会提出,经过相应的立法程序批准,经批准的规划和预算具有法律效力,如更改,需要经过同样的立法程序。如此的决策程序以及立法高度保证了重大决策得以实施,为提高综合运输服务监测水平提供强有力保障。

澳大利亚综合运输服务涉及的法律众多,覆盖财政、运营、管理、监督等内容。同时,法律条款精细化程度较高,部分法律细化到数据收集和交通调查方案等方面,这些都为提升综合运输服务监测水平提供了法律依据。

13.1.2　完善的评价体系保障综合运输服务能力监测质量

西方发达国家政府的统计数据质量监控都注重结合本国实际，在数据质量评估、控制等方面形成了各具特色的政府统计数据质量监控机制，极大程度上保障了综合运输服务能力的监测质量。

美国政府统计数据质量监控的实施模式是“分散与集中并存型”，统计数据质量监控机构分别由负责综合事务的机构、负责数据整理的机构和负责资料分析的机构三大部分组成，白宫管理和预算办公室的统计政策组主要履行统计数据的协调与沟通职能，属于综合事务机构；交通部通过直接统计或者购买数据服务等方式，负责统计数据的收集、遴选和甄别，属于数据整理机构；一些经济分析机构、研究和发展中心、经济研究中心主要负责对收集到的统计数据资料进行分析、加工和处理，属于资料分析机构。同时，美国还有很多民间统计机构参与统计数据质量的监控。诸如民间智囊团体、学术性研究机构、私人统计调查公司、行业商会组织等，都在一定程度上承担着部分统计数据质量监控的职能。美国政府统计数据质量监控的调查手段是以普查为基础，以抽样调查为主体，以其他调查手段为补充。

13.1.3　大数据助力综合运输服务能力监测水平提高

伴随着大数据来源和体量的显著增加，以及应用技术和场景的迅速拓展，国外交通运输行业正在发生持续而迅猛的变革。交通运输大数据是由基础设施、运载工具、参与者等元素产生的，区别于通过传统渠道采集到的交通信息和统计报表，具有“大体量（Volume）、多样性（Variety）、高速度（Velocity）、高质量（Veracity）、高应用价值（Value）”等特征。大数据已成为国外交通运输行业服务能力提升的关键，呈现出以下发展趋势：一是利用大数据来源广泛、真实可量化、预测性强的特征，建设以大数据支撑的科学决策与规划体系；二是基于大数据实时动态、广泛分布的特征，提高交通运输安全保障与应急处理能力，为隐患治理提供预警跟踪、众包治理等创新模式；三是推动数据融合、协同分析技术的发展，促进大数据互通互联、交叉融合，增强交通运输服务的创新能力和市场监管能力。

新加坡陆路交通管理局和 IBM 公司，结合行业合作伙伴地铁公司提供的乘车车票信息，以及由 Star Hub 公司提供的基于通信信息聚合的乘客旅行信息，通过分析模型提供态势感知、影响预测等功能，实现对城市交通服务能力的监测。交通运输使用者的众包数据在快速发展，也为分布式数据融合带来了可能。例如，2007 年美国密歇根交通部门综合众包数据和传感器数据搭建 Mi Drive 道路信息发布系统，通过众包模式获取个人数据，结合天气、传感器数据，提供准确及时的道路信息。此外，通过实现存量数据和增量数据有机融合，可以最大化挖掘数据的价值。希腊塞萨洛尼基市将传统的静态传感器网络（如线圈、雷达、摄像头等）和动态传感器（浮动车数据，覆盖车辆数超过 1000 辆）

相结合,同时引进 Facebook 等社交网络信息,实现对道路服务能力的实时监控。

13.2 开展能力监测的思路

发达国家对综合运输服务能力的监测起步较早,英国、美国、日本等国家分别从服务质量、安全性、能源环境、投资等方面,对综合运输服务能力进行监测。以“美国州际公路系统服务能力监测”为例,其主要监测思路如下。

13.2.1 监测背景

一方面,全球贸易发展、人口增加及其他因素使得美国众多公路上重型载货汽车和其他交通车辆急速增加,交通量上涨加速了人行道和其他路面的损毁,尤其是州际公路系统,从而导致公路服务水平有所下降;另一方面,为确保货物按时交付、满足人员的高流动性,需要提高安全可靠的公路系统的维护成本,避免由于公路的修复和重建导致交通中断,引起公众不满。美国州际公路服务系统的能力监测为交通部门(DOT)和其他主管机构提供了一个标准,以此来评估他们的州际公路是否需要维护。

13.2.2 监测对象

美国州际公路系统中的大量投资主要用于国家必须维护的大型交通基础设施体系,包括桥梁和其他建筑(如挡土墙、大型涵洞等结构)、路旁设施(如人行道、篱笆、管道和沟渠)、休息区、交通运行设施(如标志、信号)等,美国州际公路系统服务能力监测以此为对象,评判公路系统整体及具体各类设施的服务水平、满足客户的需求、达到股东的期望目标等的能力。美国州际公路的服务能力定义可广泛应用于各州公路系统性能的衡量上。

13.2.3 监测指标

美国州际公路系统服务能力监测主要包括五项指标:

①行驶质量,包括路面平整度、安全运行速度等;

②安全性,包括具有明显的标志和路面标线,安全和可靠的休息区设施,路面防滑性,功能护栏等;

③操作可靠性,包括事故反应时间,运输流量、冬季保养等;

④系统的投资保护,包括过早破坏的风险、过度磨损的避免、完整的使用寿命的实现等;

⑤通行和环境质量,包括交通畅顺,流量控制等。

服务能力监测是一个特定的标准,这些监测指标很大程度上可以适用于全国各公路系统监测,如粗糙度可以由国际平整度指数(IRI)来衡量,IRI 低于 60,许多司法机关会据此认定路面粗糙度服务水平“非常好”或“高”。同样,标记清晰度(用障碍物是否缺失、丢失标记是否缺失等指标来衡量)可以指出交通运行设施(这里指标记)在安全性上是否达到高服务水平。

13.2.4　监测标准

美国州际公路系统服务能力监测以同一个标准模式来确定州际公路系统设施的服务水平,并按照一套标准程序实施监测,可作为公路服务能力的监测模板。在该监测中,服务能力划分为A到F级或1级到10级,并对这些评级进行详细的条款解释。州际公路系统服务能力及指标作为一个整体统一定义,但服务能力的衡量方法因州而异,具体监测时,采用可行的、合适的服务能力衡量方法和相关条款来进行评估和数据收集。

13.2.5　监测过程

“美国州际公路系统服务能力监测”研究首先论述了关于跨境设施服务水平的研究现状,概括了各州既有高速公路系统的运行评估状况和报告,在此基础上提出四项建议:

①将州际公路系统设施服务能力的定义和分级,尽量告知公路使用者、运输机构和其他股东;

②大型设施服务水平指标,无论既有的或即将开发利用的,以及过去使用的衡量方法,都用来建立服务标准;

③确立衡量服务能力及最低标准(例如质量或可接受度)的指导原则;

④建立一个模板,用来评估、分析和报告州际公路运行状况,明确进行公路状况评估数据收集的指导原则,以及促进该评价体系和模板在全美国范围内推广使用的路径。

第 14 章 国外综合运输服务能力监测评价指数

14.1 典型监测评价指数

14.1.1 美国运输服务指数(TSI)

2002 年之前,美国交通运输部门掌握的指数基本上都是单一运输方式的运输指数,没有一个将多种运输方式全部考虑在内的综合集成运输指数。很多学术机构、政府部门都希望发布一个综合性运输指数,通过对该指标与其他经济预警指标的分析,可以更好地反映并预测交通运输经济的发展变化。因此,2002 年,在美国运输统计局(BTS)的支持下,纽约州立大学和乔治华盛顿大学的研究者通过对交通运输和经济之间关系的研究,构建了运输服务产出指数(TSOI),美国运输统计局又在 TSOI 的基础上进一步建立了运输服务指数(TSI)。

运输服务指数(TSI)以交通运输行业月度营业性运输量数据为主要指标,涵盖铁路运输、公路运输、水路运输、航空运输、城市公交运输、管道运输 6 个运输子行业,并细分货运指数和客运指数。

TSI 有 3 个一级指标:货运 TSI、客运 TSI 和综合 TSI,各项指标的指数内涵见表 14-1。

美国运输服务指数(TSI)架构　　表 14-1

名称	指数分类	指数内涵
美国运输服务指数(TSI)	货运 TSI	涉及营业性卡车运输、铁路货运服务、内陆水运、管道运输和航空货运 5 种运输方式,不包括国际、沿海水路运输,也不包括私人卡车运输和美国邮电业的快递服务。
	客运 TSI	涉及本地公交客运、城际铁路客运和航空客运 3 种运输方式,不包括城际公交、观光旅游、客运轮渡、出租客运、私家车、自行车和其他非机动运输方式。
	综合 TSI	反映客货运输水平的综合性指数。

美国运输统计局从政府机关或者私人机构获取各种运输方式的月度数据,数据主要来源于美国货车运输协会、美国铁路协会、联邦铁路协会、美国陆军工程兵团、美国能

源信息管理局、美国公共运输协会等。

TSI 是美国国内各种营业性运输服务加权后的组合。美国运输统计局首先把实际运输量作为不同运输服务方式的衡量标准，数据采集后，需经过预处理、季节调整、指数化、加权和合成 5 个步骤进行加工，最终形成月度指数，如图 14-1 所示。

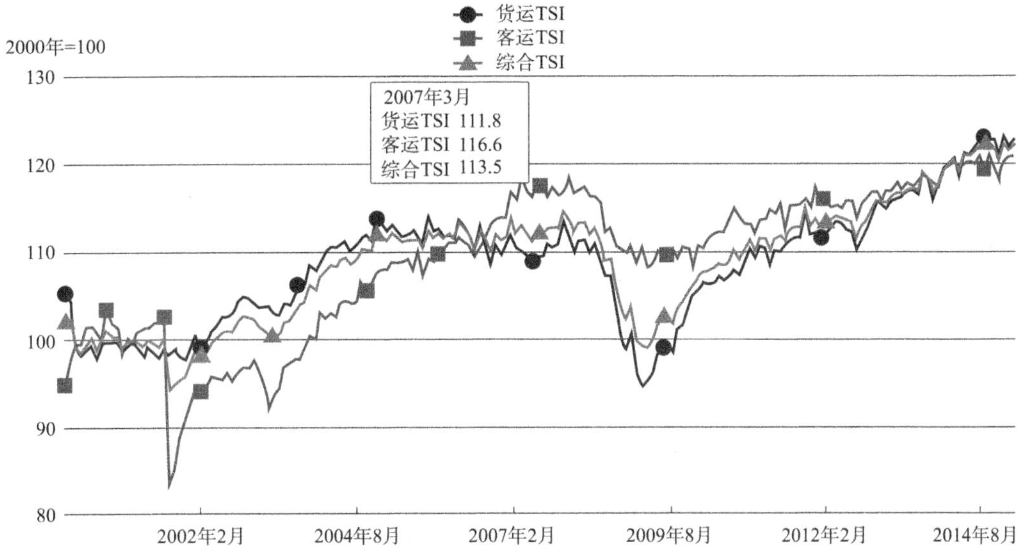

图 14-1 货运 TSI、客运 TSI、综合 TSI

TSI 于 2004 年 1 月份在纽约证券交易所正式宣布建立，2004 年 3 月起正式对外公开发布该 TSI。美国运输部每月定期公布该指数，数据基本上滞后 2 个月。运输统计局网站上提供 TSI 的数据来源、历史数据，以及 TSI 的最新研究情况等。

美国运输统计局每次公布最新月份的 TSI 数据时，均会对之前 4 个月的初始数据中最早 1 个月的数据进行修正更新，修正后的数据直至年度综合修正时才可能被再次更新调整。年度综合修正的频度为每 2 年 1 次，综合修正要在一个完整的公历年结束至少 6 个月后才能开始，这是为应对发布日期滞后 2 个月的情况，同时也保证了能够留足 4 个月的初始期，因此年度综合修正结果会在当年 7 月份公布的 TSI 数据中发布。

TSI 是美国国内运输服务中应用最广泛的月度标准，为运输服务提供了综合性的衡量尺度，反映了美国客货运输服务真实的月度变化，并能够一定程度预警宏观经济的变化趋势，在研判美国运输业和宏观经济运行方面发挥了重要作用。

一方面，TSI 指数能够有效地反映各种运输方式的综合发展变化，方便行业主管部门和宏观决策部门直观把握交通运输行业运行态势，同时也便于社会公众及时了解行业总体运行情况。另一方面，交通运输行业作为经济生产和社会生活的中间环节，为其他经济活动提供运输支撑，因此，衡量运输服务的指标与衡量经济活动的指标存在着一定的相关性，一定程度上也能与宏观经济的周期变动相对应。

14.1.2 英国综合运输一体化服务水平满意度指数

该调查于1998年由英国综合运输委员会(Commission for Integrated Transport,CFIT)联合英国最大的独立服务研究机构(MORI)联合发起,每年发布一次,调查结果发布于英国综合运输委员会官方网站上。综合运输委员会是一个独立机构,于1998年成立,主要负责从更广泛、更宏观的角度向政府提出综合性运输政策和容易操作的方案建议,以促进社会的经济繁荣、环境保护和社会和谐。综合运输委员会着眼于确保各种交通运输方式更加协调发展、更好配合,提出一些至关重要的影响因素和政策建议,而综合运输一体化服务水平满意度调查是英国综合运输委员会为政府提供政策性建议的主要依据之一。

满意度调查的指标体系可分为四级指标,顾客满意度为一级指标;二级指标为隐变量,主要涵盖感知质量、预期质量、感知价值、用户抱怨和用户忠诚等方面;三级指标为与二级指标相对应的显变量,如用户对不同交通运输方式服务水平特征(时效性、舒适性、经济性、方便性和安全性)评价,用户对不同交通运输方式服务水平期望水平,用户对一体化交通运输服务的期望水平,用户通勤及非通勤出行行为意向选择,对英国交通运输总体期望等指标;问卷中设置的与三级指标对应的实际问题为四级指标。

该满意度调查采取纸质问卷调查的方式,以2002年英国一体化服务水平满意度调查为例,2002年CFIT调查旨在以伦敦市作为一个调查群体,调查整个英国对一体化服务水平的满意程度。在整个英国范围内,CFIT选择了1725名受访者,其中包含421名伦敦市民,于2002年2月27日至4月7日进行调查。

16岁以上的被调查者被选为此次调查的代表性样本,并按照年龄群、性别和就业情况对调查对象进行分类,并且CFIT在伦敦市区内进行了加强采访调查,以便于后续的单独分析。数据在整个满意度调查分析中被加权处理,以校正伦敦区的加强调查部分和人口统计数据中的交叉误差。

在136个样本抽查地区,所有的调查均采取在家中进行面对面调查访问的方式,所有的受访问答过程及调查结果均通过在调查问卷进行标记记录的形式收集。

满意度调查统计结果报告发布于CFIT官网,报告重点包括三部分。

①受访者基本信息数据的公布:性别、年龄、收入及社会等级划分。

②调查题目的及内容:包括对英国及英国政府、目前现状的态度;残障情况;出行方式、出行距离、出行频率;对每种交通方式的满意程度;对不同交通方式选择方面的态度假设性问题调查;对不同交通方式在出行时间、出行成本、舒适度、便捷性、安全程度及环保等方面的态度调查;通勤出行及非通勤出行的调查;对调查机构的态度调查等,部分内容示例如图14-2所示。

③对1998年、2001年、2002年满意度调查统计数据的对比分析见表14-2。

满意度调查统计对比　　表 14-2

调查内容	年份	满意度(%)						平均得分
		强烈同意	同意	适中	不同意	强烈反对	不清楚	
若公共汽车服务更优，我将选择少开车旅行	2002 年	12	22	19	20	22	5	19
	2001 年	19	28	16	17	14	6	
	1998 年	16	25	11	22	17	9	
若火车服务更优，我将选择少开车旅行	2002 年	9	15	22	22	26	7	42
	2001 年	14	21	22	18	17	8	
	1998 年	12	19	15	23	19	12	
若步行条件更优，我将选择少开车旅行	2002 年	5	12	25	25	27	5	61
	2001 年	9	17	28	22	17	6	
	1998 年	7	16	20	26	20	11	

14.2　经验启示

14.2.1　指数发布机构灵活有力，多为政府部门之外的第三方机构

各类综合性指数基础数据的采集均涉及从宏观经济到具体企业、公众等多个行业、多个环节，数据量极大，且多需跨部门、跨行业，高效协同、责任明确、执行有力的机制（机构）是指数良好运行的基本保障。美国以立法方式，成立运输统计局，负责协调美国运输部和其他联邦政府机构，获取并整合有关运输统计信息，建立信息共享机制，并充分发挥各方信息资源优势，开展运输统计工作。

由于多数指数涉及经济发展形势和政府行政管理工作，政府机构是利益相关方，为保障指数的客观性、独立性和公信力，国外指数一般由第三方机构等采用多种方式向社会公布，政府不参与指数的发布工作。如英国综合运输一体化服务水平满意度指数是由英国综合运输委员会 CFIT（独立机构）联合英国最大的独立服务研究机构 MORI 联合发起调查。

14.2.2　指数发布周期相对灵活，部分指数有一定滞后性

指数发布周期主要由指标的波动性决定。景气类指数大多按月度发布；评估类指数，如公众满意度指数或反映效率的指数等，短期波动性小，可采用季度或年度发布。同时，部分指数由于数据采集和计算分析的过程较为复杂，常常需要对数据进行修正和完善，因此，当期发布的指数有一定滞后性，指数一般滞后 1 至 2 个发布周期，如美国的 TSI，但也有一些指数时效性极强。

14.2.3　指数架构均为多层级组成，指数架构不断更新完善

国内外各类指数均由多个层级的分项指数复合而成，一级指标是可以直接反应该指数结果的大类指标，二级指标为一级指标类别内的分指标，以此类推。简单的指数分综合指数和二级分项指数，如美国运输服务指数，一级指标为货运 TSI、客运 TSI 和综合 TSI，客运和货运 TSI 的下级指标又涉及各运输方式客运和货运等方面的指数。美国顾客满意度指数则包含有四级指标，在一级指数顾客满意度指数之下，设置 6 个二级指数，其下又进一步细分 15 个三级指数，四级指数则对应三级指数进一步发散。

英国综合运输一体化服务水平满意度指数按照感知的具体程度将指标体系分为四级指标，顾客满意度为一级指标；二级指标、三级指标、四级指标分别是针对上一层级的越来越具体的问题。

国内外重要指数编制基本都需要充分的理论研究，把碎片化的基础数据进行系统整合，建立模型，科学制订调查方案、搜集与验证数据，不断提高数据的可获得性和真实性，需要开展长期深入的试运行和参数调整，力求指数与实际情况充分契合，反映真实变化态势，最后方可正式发布。多数指数从研究到发布基本要历时 2 ~ 5 年，同时，许多指数包括基础数据，都要结合经济社会发展和技术条件变化逐步进行完善。

14.2.4　指数设计要目标明确、简洁实用，且有稳定全面的基础数据支撑

美国 TSI 的主要任务是反映并预测各运输方式交通运输经济的发展变化，目标十分清晰，结构也非常简单。英国综合运输一体化服务水平满意度指数也同样具有明确指向性，合成指数与各级分项指标以及分项指标之间的逻辑性、关联性极强。TSI 基础数据涵盖各运输方式，由运输统计局专门统筹协调，采用分散方式，利用各方资源，开展运输统计工作。各大综合性指数均需要稳定、及时、可靠、全面的基础数据支撑。

案例篇

长江中游城市群综合运输服务一体化发展

长江中游城市群地跨湖北、湖南、江西三省，是推动长江经济带发展、促进中部地区崛起的引擎。自2015年《长江中游城市群发展规划》实施以来，长江中游城市群发展动能持续增强，区域综合立体交通网基本形成。2022年，国务院批复的《长江中游城市群发展“十四五”实施方案》指出，到2025年，长江中游城市群协同发展取得实质性进展，一体化发展格局基本形成，基础设施互联互通水平大幅提高，综合立体交通网进一步完善，铁路总里程达到1.4万公里，基本实现城市群内主要城市间2小时通达，新型基础设施水平明显提高，能源保障能力进一步增强，公共服务便利共享和安全生产保障水平明显提高，人民群众获得感、幸福感、安全感大幅提升，这对综合运输服务能力提出了更高要求。为从多方面多层级共同推动区域综合运输服务一体化建设，各地应着力完善互联互通综合交通网络、客运服务系统、一体化物流服务体系以及统一开放的市场环境，同时健全合作体制机制，创新多元投融资模式，强化专项政策支持，加强科技创新引领。

第 15 章 综合运输服务一体化发展现状

15.1 发展现状

目前,长江中游城市群已初步建立起由铁路运输、公路运输、水路运输、民航运输等运输方式组成的综合交通运输网络,其对外运输通道、城市群内互通通道、综合运输枢纽和各运输方式具体发展状况如下。

15.1.1 综合运输通道

(1)对外运输通道。

长江中游城市群对外运输主要以陆上运输通道为主,依托长江黄金水道、干线铁路、国家高速公路、国道以及航空网络,已经形成了北至京津冀、南至粤港澳主轴;东至长三角、西至成渝主轴;上海经杭州、南昌、长沙、遵义至昆明的沪昆走廊;长沙至桂林、南宁至凭祥的湘桂走廊。

①北至京津冀、南至粤港澳主轴。

京津冀-粤港澳主轴由北京经石家庄、郑州、武汉、长沙、广州至深圳,横贯我国华北、华中及华南地区。北向连接京津冀城市群、中原城市群,南向连接珠江三角洲城市群,是国家综合立体交通网主骨架 6 条主轴之一,是推动长江经济带建设、强化南北方联动发展的重要运输通道,是国家综合立体交通布局的重要组成部分。

②东至长三角、西至成渝主轴。

长三角-成渝主轴有两条路径:其一由上海经南京、武汉、万州至重庆;其二由上海经九江、武汉、重庆至成都,均经过长江中游城市群。该通道横向连接长江三角洲城市群、长江中游城市群以及成渝城市群,是国家综合立体交通网主骨架 6 条主轴之一,是国家综合立体交通布局的重要组成部分。

③上海经杭州、南昌、长沙、遵义至昆明的沪昆走廊。

沪昆走廊有两条路径:其一由上海经杭州、上饶、南昌、长沙、怀化、贵阳、昆明至瑞丽;其二由上海经杭州、景德镇、南昌、长沙、吉首、遵义至昆明,均经过长江中游城市群。该走廊横向连接上海市、杭州市、南昌市、长沙市、贵阳市、昆明市等主要城市,是国家综合立体交通网主骨架7条走廊之一,是国家综合立体交通网主骨架的重要组成部分。

④长沙至桂林、南宁至凭祥的湘桂通道。

长沙经桂林、南宁至凭祥通道,是国家综合立体交通网主骨架8条通道之一。该通道是长江中游城市群至北部湾城市群的重要运输通道,是长江经济带与西部陆海新通道联系的重要纽带。

(2)城市群内互通通道。

依据《长江中游城市群发展"十四五"实施方案》对空间格局的重要部署,长江中游城市群依托内部运输通道提升互通协作水平。依托京广通道,推动武汉、长株潭都市圈协同发展,提升咸宁市、岳阳市等要素集聚能力。依托沿江-京九通道,推动武汉、南昌都市圈互联互通,提升黄冈市、黄石市与九江市等地互动联通。依托沪昆通道,推动长株潭、南昌都市圈交通往来。

15.1.2 交通运输方式

(1)铁路。

长江中游城市群已基本形成了以武汉、长沙、南昌为主枢纽的放射状铁路运输网络,是长江中游城市群内部联系与对外交通联系的重要运输方式。

长江中游城市群现有京九铁路、京广铁路、焦柳铁路、沿江铁路、沪昆铁路、武九线、沪汉蓉铁路、浙赣铁路、湘黔铁路、湘桂、石长铁路、铜九铁路、皖赣线等干线铁路;京广高铁、沪昆高铁、郑武客专、武广客专、昌九城际等干线高铁线路。截至2022年初,该区域铁路总里程已突破1万公里,铁路网密度为315.46公里/万平方公里,人均拥有铁路为0.77公里/万人,相比于全国2021年铁路网密度156.7公里/万平方公里,人均拥有铁路1.06公里/万人的规模,长江中游城市群铁路密度高于全国水平,但人均拥有量低于全国平均水平,路网密度低于东部发达省份。

(2)公路。

长江中游城市群现已形成以高速公路为骨架、国省干线为支撑、农村公路为基础的较为完善的公路网络。总体来看,长江中游城市群基本形成了方格网状的高速路网结构,区内主要高速包括京港澳高速、京福高速、京珠高速、沪渝高速、沪昆高速、沪瑞高速、沪蓉高速、福银高速、大广高速、济广高速、杭瑞高速、德昌高速、二广高速等干线通道。

(3)航道与港口。

航道方面,长江中游城市群依托长江黄金水道,基本形成了以横贯东西的长江为主干线,汉江、赣江、湘江、沅水、信江等支流为辅的江海直达的水运网络,截至2022年,三省通航总里程约为26750公里,其中,湖南11968公里,湖北9066公里,江西5716公里,长江航道以一级二级为主。

港口方面形成了武汉、黄石、九江、岳阳、宜昌等长江主要港口，以及南昌、长沙、湘潭、株洲等一般港口。其中，武汉是我国内河的重要港口，是长江中游航运中心，武汉新港为长江中上游首个"亿吨大港"，腹地范围主要是湖北省以及周边的湖南省、河南省、陕西省、四川省、重庆市等地区，主要进行大宗散货、钢铁、石化、国际集装箱等的装卸运作。从长江中游城市群港口的吞吐量来看，湖北省内河集装箱吞吐量位居长江中游各省市之首。具体指标见表 15-1。

长江经济带主要省份港口 2021 年吞吐量情况　　表 15-1

省份	港口吞吐量(亿吨)	集装箱吞吐量(万标箱)	水路货物周转量(亿吨公里)
湖北	4.89	284.4	3446.4
湖南	2.46	82.8	449.6
重庆	1.65	1882.4	2435.9
江西	2.29	78.2	354.2
安徽	5.80	204.1	6513.3

(4)空运输。

长江中游城市群现已初步形成了以武汉天河机场、长沙黄花机场、南昌昌北机场为航空枢纽，荆州沙市机场、襄樊刘集机场、十堰武当山机场、宜春明月山机场、张家界荷花国际机场等支线机场为补充的干支结合的机场布局。3 个干线机场均已开通国际国内航线，辐射全国各大城市，支线机场通过枢纽机场实现支线机场之间的对飞。目前，长江中游城市群基本形成了功能较为完善、结构层次清晰的连接城市群、辐射全国的航空枢纽体系，机场集群效应逐步得以体现，2021 年武汉天河与长沙黄花机场分别以 1979.66 万人和 1998.31 万人的旅客吞吐量，在全国机场排名第 13 和 12 位。2021 年长江中游城市群及全国部分枢纽主要机场的吞吐量情况见表 15-2。

长江中游城市群主要机场与全国部分枢纽机场 2021 年吞吐量情况　　表 15-2

机场	飞行区等级	机场性质	旅客年吞吐量(万人)	货邮吞吐量(万吨)
武汉天河机场	4F	民用	1979.66	31.6
长沙黄花机场	4E	民用	1998.31	20.9
南昌昌北机场	4E	民用	979.60	17.3
南京禄口机场	4F	民用	1760.69	35.9
天津滨海机场	4E	民用	1512.70	19.5
广州白云机场	4F	民用	4024.97	204.5

15.1.3　综合运输枢纽

目前长江中游城市群三大核心城市均为全国性综合交通枢纽，在 2021 年国家发展改革委规划的全国性和区域性综合交通枢纽布局中，将武汉市、长沙市、南昌-九江市定位为全国性枢纽，对交通运输顺畅衔接和物流高效运行具有全局作用。

（1）武汉市。

武汉市作为全国性的综合交通枢纽，自古以来就有“九省通衢”之美名，位于全国经济地理的中心，是我国内陆最大的水陆空交通枢纽，具有“得中独厚、辐射四周”的区位优势，承东启西、沟通南北、维系四方的作用，良好的对外交通条件，包括沪汉蓉铁路、京广高铁、西武高铁、武咸城际、武石城际、汉孝城际、京广铁路、京九铁路、汉丹铁路等多条铁路干线，以及5条国道、5条国家高速、12条省级高速公路及6条城市环线。同时，武汉是我国内河的重要港口，长江中游的航运中心，是我国内河通往沿海、近洋最大的启运港和到达港。武汉天河国际机场是中部地区第一门户机场、中部地区首个4F级机场，也是国家公共航空运输体系确定的中国八大区域性枢纽机场之一。目前，武汉市形成了以天河机场、武昌站、汉口站、武汉站、武汉北站四个枢纽站为主，其他各区市县枢纽为辅的客运枢纽格局，货运枢纽包括武汉港、集装箱铁路中心站等水路运输、铁路运输、公路运输货运场站。

（2）长沙市。

长沙市是国家重要的交通枢纽，京广铁路贯穿城区南北，沪昆铁路连接东西；京广高速铁路与沪昆高速铁路在长沙火车南站交汇。拥有石长铁路、长株潭城际铁路、长益常城际等铁路干线，对外高速公路通道8条、铁路通道7条，黄花机场吞吐量位居全国第12位。长沙港可通江入海，与长江沿岸及南京、上海、连云港等港口通航，拥有湘江千吨级航道，长沙霞凝新港也是全国最大的内河主枢纽港。

（3）南昌市。

南昌市是全国重要的区域性综合交通枢纽和现代化制造业基地，江西最重要的综合交通枢纽之一，105、316、320等十几条国道在南昌市交汇，多条出城快速通道使得南昌市的交通四通八达，高速公路网络直贯湘、鄂、皖、浙、闽、粤等邻省而与全国联网，从南昌市驱车至安徽省、湖北省、湖南省、浙江省等周边省省会城市的距离全部在5小时以内，形成了一个以南昌为中心的“5小时经济圈”。南昌市是京九铁路经过的唯一省会城市，京九铁路、沪昆铁路、昌九城际铁路、昌福铁路（向莆铁路）、沪昆高铁、昌吉赣客运专线（在建）、昌景黄高铁（建设中）、昌长城际铁路（规划）等都在南昌市交汇。南昌市南郊向塘站有98股道，为全国第二大铁路货运编组站。另外，昌北国际机场也是重要的干线机场。

15.1.4 一体化进展

近年来，湖北省、湖南省、江西省三省在加强区域协作、打破合作壁垒、基础设施互联互通、信息化共享创新、运输资源整合等方面进行了积极有效的探索，集中体现在以下几个方面。

（1）区域协作联动机制稳步推进。

截至2023年初，武汉市、长沙市、南昌市三个省会城市共召开了9次长江中游城市群省会城市会商会，先后出台了《武汉共识》《长沙宣言》《南昌行动》，携手推动产业、交通、市场、环境保护、公共服务等一体化发展。在提升运输服务一体化方面出台了《长江中游城市群道路运输联席会议备忘录》《长江中游四省会城市一卡通互联互通战略框架协议》，线上签署了《长江中游城市群省会城市合作行动计划(2023—2025 年)》《长江中游城市群 2023 年重点合作事项》《长江中游城市群省会城市"一码通域"合作框架协议》《长江中游城市群省会城市法律服务异地协作框架协议》等跨区域合作协议，从顶层加强协作，打破合作壁垒。

(2)路网体系进一步完善。

长江中游城市群基本实现县县通高速，国省干线覆盖率达到 80% 以上，实现 100% 的建制村通水泥路，湖北省、湖南省、江西省三省与相邻省份高速公路"断头路"全面打通。

(3)旅客联程运输实现创新。

湖北省多地实施"空地联运"项目，以"虚拟航班"模式开展空地联运合作。推出"航空 + 巴士"联运产品，购机票赠免费大巴，实现了航空与公路客运的无缝对接，成功实现异地候机楼购飞机票、换登机牌、候机、行李托运、航空货运、商务租车、机场大巴等一站式服务，以黄石龙华客运公司为例，2015 年空地联运客运量增长 2.5 倍。2017 年，汉口站、武汉站两大火车站率先全面启动快捷中转换乘程序，打造 40 分钟内无缝换乘。持有联程车票的旅客，无需出站即可实现便捷换乘，真正构筑起以武汉为中心，与全国近 30 个大城市相连的"一天生活圈"。

(4)省际城际公交发展取得新进展。

开展黄梅-九江、监利-岳阳、来凤-龙山省际班线公交化试点，提升省际毗邻地区道路客运一体化服务水平，促进毗邻城际经济文化交流。

(5)客运服务信息化建设实现创新。

湖北省二级以上客运站已全部实现联网售票，江西省长运集团积极探索"互联网 + 客运服务"的模式，线上与线下售票相结合，改变传统乘客出行必须进站的模式，建立"虚拟车站"，提供门到门服务，提高服务质量，节约运营成本。

(6)区域一卡通建设取得阶段成效。

武汉通已覆盖武汉市、孝感市、仙桃市、大冶市、汉川市、安陆市、应城市等城市，从持卡率及交易额看，武汉市市民持卡率超过 90%，日交易笔数超 600 万笔，日交易金额超过 800 万元，年交易金额超 28 亿元，实现了武汉市都市圈部分区域一卡通，方便居民跨区域出行。

(7)货物多式联运蓬勃发展。

湖北省多式联运发展走在全国前列，已形成以中欧班列"长江号"铁路国际货运专线为代表的多条成熟多式联运线路，其中"俄罗斯-满洲里-武汉"进口木材专列，已成为中欧班列中首个持续满载的回程班列。岳阳城陵矶港已形成江海、水铁、公水、水水联运的格局，2022 年城陵矶港与"一带一路"沿线国家和地区实现铁路物流互联互通、双向往来，2022 年，水铁联运完成重箱吞吐量 14.68 万标箱，同比增长 286.5%。

15.2 典型做法

15.2.1 加快体制机制改革

(1)打破体制壁垒,设立综合运输管理部门。

各地交通运输主管部门贯彻落实大部制改革,推进综合管理体制改革创新,开展职能重构和机构重组,组建了一些集铁公水航邮于一体的综合运输管理部门。武汉市在市交通委领导下成立了武汉市物流发展局,统筹协调市物流相关工作,以物流为突破口优化配置各种运输资源。湖南省岳阳市为打通部门间体制障碍,组建市物流领导小组办公室,承担与发改、商务等行业主管部门的协调工作,有力推进了物流行业管理的日常工作和重点企业认定工作。湖北省咸宁市设立交通物流发展局,协同邮政、供销、商务等部门打通农村运输服务渠道,开展农村物流发展战略合作。

(2)推进机制创新,建立多层次合作机制。

省级层面上,湖南省、湖北省、江西省三省不断强化区域合作机制创新,签订合作协议并积极搭建省级区域综合交通运输协调联席会。如湖南省组织召开第一届"长江中游城市群公路合作联席会",湘鄂赣三省公路部门共同签署了《长江中游城市群公路合作联席会备忘录》,共商省际公路联通。湘鄂两省互派考察团就长江中游发展签订《长江中游城市群战略合作协议》,商定更加紧密协作。市级层面上,各地在合作机制上也有新突破,武汉市、长沙市与南昌市等省会城市已连续召开九届会商会,三者共同签署了《武汉共识》《长沙宣言》和《南昌行动》等合作文件。江西省九江市与湖北省黄冈市等城市共同签订《赣鄂皖沿江协作区框架协议》,推进沿江交通运输协作。湖北省黄冈市与周边省市交通运输部门展开对接,签订区域合作协议和交通共建协议,建立了"五个一体化"合作机制,并建立联席会议制度。县级层面上,部分县市也积极探索在合作机制上创新,如九江市修水县与金三角区域湖北省通城县、湖南省平江县达成"通平修合作示范区建设共识",在五大领域展开务实合作。

专栏1 城市群战略推进一体化合作

2012年,长江中游城市群就签订了战略合作框架协议,在基础设施、产业、市场等多个方面展开合作。2013年开始,武汉、长沙、南昌,包括合肥在内,先后签订了《武汉共识》《长沙宣言》《南昌行动》。

2021年9月,随着城市群战略推进,湖南、湖北、江西三地协作更加紧密,三省宣布组建长江中游三省协同发展联合办公室,并签署了《长江中游三省协同推动高质量发展行动计划》等多份文件,打造"2小时互达经济圈"等。

15.2.2　加强规划协同

(1)强化顶层设计,推动战略层面达成共识。

湖北省、湖南省、江西省交通运输主管部门借助长江经济带等发展战略,围绕长江中游城市群发展,开展各类综合运输一体化研究,明确战略定位、目标和发展方向。如湖北省牵头开展《设立国家长江中游四省综合交通运输试验区战略研究》,为长江中游城市群综合运输协同发展提供了战略导向。

(2)加强科学规划,促进运输方式协同发展。

各地交通运输主管部门除交通运输“十四五”发展规划外,还就城市群、城市与组团、城乡间综合运输问题开展专项规划编制,科学指导区域内各种运输方式一体化发展,如湖南省制定了《长株潭都市圈发展规划》,湖北省编制了《武汉市综合交通运输发展“十四五”规划》。

(3)细化实施措施,保障各项工作有序落实。

各省市围绕发展战略和规划要求,在发展路径和政策措施层面明确了实施方案,如江西省发布《长江中游城市群发展“十四五”实施方案江西省分工方案》,进一步强化南昌省会城市引领功能,发挥辐射带动作用。湘潭市制定《湘潭市“十四五”综合交通运输发展规划》,推进综合运输服务一体化建设。

专栏2　昌九一体化发挥示范作用

2017 年 1 月,《昌九一体化发展规划(2013—2020 年)》正式出台,该规划按照新型城镇化的要求,构建层次分明、分工合理的昌九城镇协调发展格局,充分发挥中心城市的带动作用,明确中小城市的功能定位和发展方向,促进轴线城镇联动发展,以昌九城镇群辐射带动鄱阳湖生态城市群发展,共同参与长江中游城市群建设,进一步提升江西在全国区域发展格局中的地位。

15.2.3　推进基础设施互联互通

(1)强化通道建设,推进区域基础设施对接。

湖南省、江西省分别打通 24 个出省高速公路通道,湖北省沪鄂高速公路岳(西)武(汉)段的建成通车,标志着全省对外高速公路“断头路”已全部打通。铁路方面,杭长高铁、合福高铁、汉宜铁路相继开通运营,沪昆铁路长沙至南昌段、长沙至怀化段相继开通。水运方面,三省合力推进航道“645”工程,畅通黄金水道。航空方面,湖南省开通长沙至张家界、怀化、黎平和铜仁凤凰机场 4 条航线。

(2)加强枢纽建设,推进运输方式无缝衔接。

各地交通运输主管部门积极推动综合客运枢纽、综合货运枢纽建设,统筹推进铁路、公路、水运、航空、城市公共交通等多种运输方式集聚发展,建成了一批综合交通运输枢纽,如湖南省建成长沙黎托综合客运枢纽、长沙大河西综合交通枢纽等,湖北省积极推进武汉天河机场交通中心建设等,江西省建成宜春新火车站综合交通枢纽等,这些枢纽实现了各种运输方式零距离立体换乘,极大方便了居民出行。货运枢纽方面,如湖北省鄂州市正在建设亚洲第一的顺丰货运机场,建成亚洲最大铁路编组站汉口北站,武汉港、岳阳港、九江港等港口体系不断完善,为公铁联运、铁水联运、陆空联运的开展夯实了基础。

专栏3 武汉打造"七位一体"大型综合交通中心

武汉天河机场交通中心位于天河机场 T3 航站楼前,该交通中心项目是近年来武汉市交通委重点推进项目,项目总投资额约 27.9 亿元人民币,总建筑面积 278100 平方米。中心包括航空、城际铁路、城市轨道、公路长途、公交(含机场大巴)、出租车、社会车辆 7 种交通方式,实现了铁路、公路、航空、轨道交通等多种运输方式的无缝立体换乘,是华中地区最大的综合交通枢纽和换乘一体化程度最高的交通枢纽,已于 2017 年 8 月底投入使用。

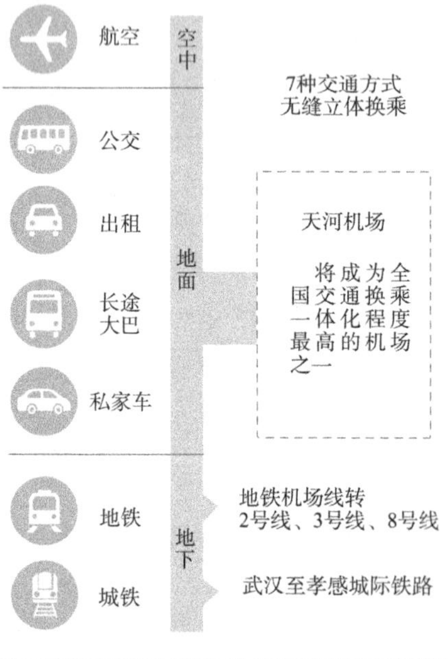

15.2.4 加强信息交互共享

(1)加强系统建设,完善管理信息实时交互。

部分城市交通管理部门建立了交通信息中心,实现对各种运输方式的政务管理和实时监测,如湖南省岳阳市建成交通科技信息(数据)中心,湘潭市建成交通信息监测服务中心等。

(2)以一卡通为载体,推动跨区域互联互通。

湘鄂赣三省重视一卡通建设,不断优化百姓出行体验,赣通卡、武汉通、长株潭 IC 卡等广泛应用于居民生活中。武汉市、长沙市、南昌市等省会城市签署协议,由武汉市交通委统筹负责,制定印发《城市群交通一卡通工作实施方案》,组建省会城市合作的交通一卡通公司。

(3)建立多元平台,促进公共信息公开共享。

平台是综合交通信息及时对外发布的窗口,各地积极推进平台建设,如湖北省交通运输厅联合铁路、民航、广播电视台等单位搭建了综合交通信息传输和发布的共享平台。湖南省湘潭市通过交通 App、微信、网站、12328 热线多信息平台进行信息发布。江西建立了交通综合信息服务系统、96122 呼叫中心系统、公众出行服务网、赣通宝 App 等。

(4)完善联网售票,引导客运服务转型升级。

各地加快推进联网售票工作,湖北省道路客运联网售票系统已正式上线运行,湖南省一些运输公司与乐程网、畅途网、携程网、大巴网等知名网站合作完善售票业务,江西省已经实现一级客运站的联网售票。

专栏4 武汉城市一卡通打造无处不在的便利

武汉市成立武汉城市一卡通有限公司,该公司于 2008 年由地铁集团、公交集团、商联集团、天喻集团、国资集团等共同出资组建,公司于 2010 年 2 月 1 日正式发行武汉通,武汉通将交通出行、医疗、购物、休闲、娱乐、电子政务功能整合于一卡,取代了公交 IC 卡、楚天通,极大方便了居民的日常生活、出行和消费。

2022 年 12 月,为建设武汉城市圈同城化核心区,推动武鄂区域发展规划协调联动、基础设施一体融通,打造一小时通勤圈和一日生活圈,实现武鄂民生事项互办联办、互惠互通、公共服务协同共享,根据《武汉城市圈同城化发展三年行动方案(2021—2023 年)》精神,在鄂州市交通运输局的统筹协调下,鄂州市公共交通有限公司与武汉通公司经前期的技术及服务对接,于 2022 年 12 月 30 日实现了武鄂同城公交一卡通用功能,并在鄂州全域发行武汉通标准公益卡。

15.2.5 加强运输组织创新

(1)加强联程服务,不断创新客运服务模式。

在联程服务上积极探索模式创新,“空巴通”“空铁通”“直通车”等新模式崭露头角。湖南空港与国航、东航签订协议,在长沙黄花机场等开展“空地联运”服务。长沙南高铁站、株洲西高铁站开启“公铁通”服务。昌北机场与九江之间开通“空巴通”服务。江西省宜春明月山机场在萍乡市、新余市设立了明月山机场城市候机楼,启用巴士免费送抵机场。南昌省、湖北省与湖南省的旅游景点、部分院校等之间开通了“直通车”,形式多样的联程服务极大提高了出行效率。

(2)开展多式联运,发挥综合运输组合效益。

国际联运方面,三省分别打造了“汉新欧”“长沙-杜伊斯堡”“赣欧亚”等国际班列。国内班列方面,武汉市开通汉蓉铁水联运班列以解决三峡翻坝能力不足问题,江西省开通上饶、鹰潭-宁波全国首条海铁联运集装箱快速班列。此外,宜昌市开通重庆载货汽车滚装运输,武汉市开通沪渝地区商品车滚装运输。武汉港、岳阳港、九江港相继开通一批港口联动、江海直达的联运航线。

(3)巩固联盟合作,强化区域内外优势互补。

各市场主体不断加强协同协作,通过联盟等形式提升整体竞争力和行业影响力。如华中甩挂运输联盟,支持甩挂运输发展,湖南省道路运管局引导成立道路危险货物运输联盟等。

专栏5 国际班列从“汉新欧”到“长江号”

2012年,武汉市政府成功开通了“汉新欧”国际铁路货运大通道,打通了湖北省武汉市到德国汉堡、杜伊斯堡的经济走廊,受到富士康、东风等大型制造企业的青睐。

2014年4月23日,首趟“汉新欧”常态化班列开行。“汉新欧”常态化班列自武汉市出发后直抵郑州市,从阿拉山口口岸转关,终点为波兰罗兹市,运营时间比2012年10月开通的“汉新欧”不定期专列缩短2天以上。2014年8月,“汉新欧”铁路国际货运班列按照《中欧班列组织管理暂行办法》命名为中欧班列(武汉)。

2022年3月,中欧班列(武汉)正式命名为中欧班列“长江号”,旨在打造湖北在中欧班列发展史上的新名片,推进长江经济带与“一带一路”深度融合,是中欧班列(武汉)高质量发展征程上的重要里程碑事件。首发班列在咸宁集结后,由武汉出发,经满洲里出境,发往俄罗斯莫斯科、叶卡捷琳堡、白俄罗斯明斯克等地,全程大概需要17天。

15.3 突出问题

目前,长江中游城市群在推进综合运输服务一体化方面已有一定突破,但从满足城市群社会经济发展需要以及人民群众日益增长的高品质交通需求来看,在运输结构、基础设施以及体制机制等方面还存在诸多问题。主要表现在以下几方面。

15.3.1 运输结构亟须调整

从长江中游城市群综合运输结构看,公路运输仍然是物流运输的主要方式,铁路运输、水路运输的优势未能有效发挥,民航货运发展相对滞后,大宗物资长途运输的公路市场份额过高,铁路运输、水路运输占比较少。湖北省 2020 年客运量 3.1 亿人,旅客周转量 612.4 亿人公里,其中,公路客运仍占主导地位,占综合总客运量比重的 70.33%,铁路、民航客运量占比分别为 26.37%、2.55%,水路客运量分担比例不到 1% 如图 15-1a)所示;货运量 16.0 亿吨,货运周转量 5295.7 亿吨公里,其中,公路、水路、铁路货运量分别占 71.43%、25.43%、3.13%。客、货运输对公路过度依赖,各种运输方式的经济特点和比较优势未能充分发挥,如图 15-1b)所示。

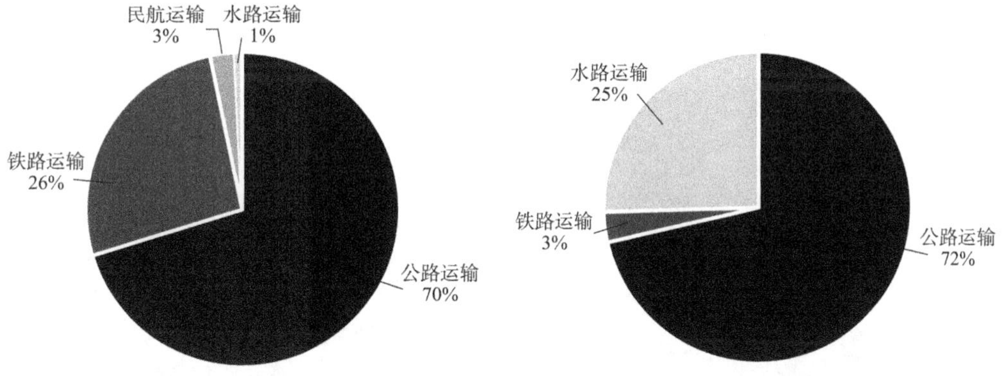

a)湖北省客运结构(2020)　　b)湖北省货运结构(2020)

图 15-1　长江中游城市群客货运输结构

15.3.2 通道布局有待改善

近年来,三省在综合运输通道规划上更为注重与长三角城市群、珠三角城市群等发达地区的衔接互动,区域综合运输通道网络结构和功能层次亟待完善。

(1)国际运输通道亟待建设。

国际航线覆盖范围与京津冀、长三角、珠三角等城市群相比相对偏小,国际快递和跨境电商发展相对滞后,国际陆路货运通道主要以中欧班列(长江号)、湘欧快线、赣欧班列为主，尚处于起步发展阶段，长江、汉江、湘江、赣江水运主要通道枯水季节船舶航行条件受限，对外运输通道能力已显不足。

（2）城市群内部边界区域路网通达度不高。

部分城镇之间、城乡之间公路技术等级偏低，缺少便捷的快速通道，形成了省际毗邻地区的断头路，如在建的杭瑞高速（临湘大界至岳阳段）、恩来高速、宜张高速等，阻碍了省际的互联互通。

（3）缺乏联系城市群内部主要城市之间的城际轨道交通系统。

目前仅有武汉城市群内的武咸、武石、武冈、汉孝城际铁路及环鄱阳湖城市群昌九城际铁路、环长株潭城市群的长株潭城际铁路建设完成并投入运营，远不能满足城市群内居民的出行需求。

15.3.3 枢纽衔接不够顺畅

（1）客运方面。

部分城市新建的高铁站与城际车站、城市既有普速车站之间缺乏便捷的交通联系，且与城市交通衔接不畅，导致换乘效率不高，影响旅客联程联运效率。如武汉高铁站与配套公路客运站相隔数百米，南昌火车站与城市公交、城市轨道交通缺乏衔接，如图15-2所示，武汉天河机场、长沙黄花国际机场无客车指定停靠站点，枢纽布局衔接功能有待进一步加强。

图15-2　南昌火车站与长途汽车站一墙之隔

（2）货运方面。

以港口为节点的综合运输枢纽"最后一公里"未能得到很好解决，铁路、公路与港口未实现有效衔接，进港铁路、疏港公路不畅。如武汉阳逻港、长沙霞凝港、岳阳城陵矶港、九江港进港铁路还在规划中、现有公路集疏运能力已趋近饱和；宜昌云池、黄石棋盘洲进港铁路尚在建设中；荆州盐卡进港铁路原为煤炭专用铁路，现亟待提档升级。

15.3.4 一体化发展水平不高

目前,长江中游城市群区域运输市场合作机制尚不健全,虽然近年来湘鄂赣三省高层交流增多,在交通规划对接、打通省际“断头路”方面达成合作共识,但受区域分割和行政壁垒等因素影响,运输市场间仍缺乏有效对接,资源配置有待进一步优化。

(1)各城市纷纷考虑建设自己的机场、港口等设施,造成区域内设施服务的恶性竞争和低水平重复建设。

港口方面,武汉阳逻港、岳阳城陵矶港、长沙霞凝港、南昌九江港均已开通至上海洋山港直航班轮,但港口之间在运输价格、补贴政策等方面同质竞争,缺乏有效合作,阻碍了港口运输的经济可持续发展。机场方面,武汉天河机场、长沙黄花国际机场、南昌昌北机场作为区域门户机场,在国际航线的开发和经营上缺乏区域间的航线合作机制,存在线路重合、争抢客源、低价竞争现象。

(2)运输行业政策不统一,缺乏有效衔接。

各省市运输行业地域保护政策依然存在,对运输车辆通行区域、时段标准不一,且限制政策严苛,部分地市在核心运输通道明确规定不允许其他省市运输车辆通行,对跨区域运输造成极大不便。

(3)城际公交与客运班线发展不协调。

部分城际公交与客运班线线路重叠,且城际公交有政府补贴,价格竞争有优势,对客运班线运营造成了较大影响,运输资源共享不足,有待整合。

15.3.5 信息开放融合滞后

长江中游城市群各省市交通运输行业主管部门、运输企业间信息资源的开放意识不强,未建立统一的公共信息服务平台,各种运输方式间信息资源共享困难。

(1)湘鄂赣三省间及城市圈(群)内各地市交通行业主管部门在行政执法、运政管理、安全应急、交通指挥等方面,业务协同程度较低,先进信息技术手段应用不够,车辆、道路运输许可等信息未实现联网共享。

(2)客运领域,各地市因使用住房和城乡建设部、交通运输部“一卡通”密钥管理系统不统一,缺乏顶层设计,短期内实现区域公交“一卡通”难度较大;联网售票目前仅在各省内二级以上售票站点实现运行,网络途径的联网售票渠道尚未全面开展;铁路运输、公路运输、水路运输、民航运输等多种运输方式公共出行服务信息发布缺乏互联互通,公众出行信息资源缺乏有效整合,关键动态信息匮乏。

(3)货运方面,铁路、港口与道路货运物流信息缺乏有效衔接,多式联运信息开放程度不高,信息传递、流转严重滞后,企业物流信息平台间缺乏合作共享,依托信息化手段打通各运输环节的支撑手段有待加强。

15.4 原因分析

15.4.1 管理体制机制不健全

目前,湖北省、湖南省、江西省三省尚未开展地方层面交通"大部制"改革工作,三省间及省内交通运输主管部门与铁路、民航、邮政等管理机构间缺乏协同联动,在综合运输管理体制上存在管理多头、政出多门的情况,造成各种运输方式衔接不畅、信息资源分散、运输市场分割、管理缺乏协调等问题。此外,由于长江中游城市群综合运输管理体制尚未建立,各省交通运输主管部门在综合运输服务方面缺乏工作抓手,亦未有明确的职责分工,难以协调和落实综合运输体系建设和综合运输服务相关政策,制约长江中游城市群综合运输服务一体化发展。

15.4.2 各方式缺乏统一规划

近年来,虽然武汉市、长沙市、南昌市三市每年举办协商会议探讨长江中游城市群综合交通规划,但效果并不明显,规划的系统性不强。一方面,长江中游城市群综合运输管理涉及湖北省、湖南省、江西省三省交通运输主管部门以及铁路、航空、水运主管部门,垂直管理与横向管理职能交叉,三省在枢纽规划布局、通道与节点功能衔接等方面难以形成有效对接机制,导致民航支线机场、沿江港口运营能力富余,且后续仍有规划建设,港口资源、航线资源、口岸功能未形成有效互补,同质化竞争严重;另一方面,综合客运枢纽内各种运输方式发展规划衔接不够,部分高铁站、机场等客运枢纽换乘缺乏站场建设和线路布局的统一规划,设计时未能充分考虑与城市公交、客运班线、轨道交通的垂直换乘,导致有限的土地资源未能实现合理利用。部分港区、铁路货运站场、综合物流园区等大型货运枢纽缺乏配套的集疏运规划,各种运输方式之间有机衔接不足。

15.4.3 法规政策标准不完善

大部制改革以来,交通运输部门承担了更多运输行业管理职责,但由于改革时间尚短,加之受多种因素制约,我国还没有出台综合运输相关的法规标准。部分行业管理法律、法规、标准、规范等,已不能适应当前运输工作形势,部门、行业间政策法规和标准不衔接。目前,长江中游城市群在推行综合运输服务一体化方面的法规、政策、标准亦不完善,无车承运人、城际网约车、农村客车小件快运等新模式没有成文法规,相关行业管理缺乏必要的法规依据;多式联运补贴政策、航线补贴政策、高速公路通行减免政策、城市货运车辆通行管理政策尚未形成良好衔接,跨区域便利通行存在阻碍;高铁站、客运站等枢纽配套设施建设标准、公交一卡通密钥发行标准、客运企业准入资质审核标准、物流运输装备标准不统一，一体化推进难度较大，需要顶层政策引导。

15.4.4　市场环境仍需优化

受地域保护、利益竞争、市场条块分割等因素影响，长江中游城市群综合运输服务市场化程度不高。客运方面，因各种运输方式市场化程度不一，导致客运“零换乘”和各种运输方式之间的联程售票尚未实现，城市群、城市内部和城际间普遍存在换乘不便，增加了交通出行时间、费用，降低了公共交通吸引力；此外，由于存在行业、区域壁垒，大型客运企业之间缺乏信任合作机制，旅客出行信息缺乏融合共享，造成部分客运资源闲置浪费，亟待充分整合利用。货运方面，铁路货运信息对外开放程度低，难以形成与公路运输、港口作业、海关检验检疫等信息的有效对接，制约城市群国际多式联运发展；各省市运输车辆通行管理政策缺乏统一和衔接，货运车辆、城市配送车辆跨区域通行存在障碍，难以实现运输资源的集约利用和货运物流效率的提升；部分港口、航运大型国有企业市场开放程度不高，企业间缺乏有机合作，同质竞争激烈，企业经营面临一定挑战。

第16章 思路目标

16.1 总体思路

服务国家现代化建设和全方位开放大局,深入贯彻习近平总书记系列重要讲话,按照中央“四大板块”与“三大轴带”相结合的区域发展总体战略和加快实施新型城镇化发展的决策部署,以全面提升综合运输服务一体化水平为导向,以改革创新为动力,坚持“目标同向、措施一体、优势互补、互惠共赢、发展共享”总原则,着力完善交通网络、提升枢纽功能、优化运输组织、推进信息交互、强化管理协同,推动形成绿色集约化的交通发展模式,加快形成布局合理、结构优化、衔接高效、资源共享、政策协调、服务一体的综合交通运输系统,把长江中游城市群建设成为我国综合运输服务一体化的改革开放高地、绿色发展先行区和创新高地。

16.2 模式选择

城市群交通模式受众多因素的影响,主要包括经济社会发展水平、地域条件、人口密度、资源环境条件、未来经济社会发展战略等,其中,人口密度和经济密度两个指标最为关键,决定着客货运输的强度。将长江中游城市群相关指标与全球主要的成熟城市群对比可以看出,长江中游城市群人口密度、经济密度与欧洲西北部城市群更为接近,充分借鉴国际经验,综合考虑水网条件、武汉国际航运中心建设以及轨道上的城市群战略等各项因素,对长江中游城市群交通模式确定如下。

(1)城市群对外交通模式。

①面向国际。构建“航空 + 铁水联运”为主导的对外交通发展模式,推动长江中游城市群参与全球经济合作,满足日益频繁的国际商务、商贸、旅游及高端物流需求。

②面向国内。以铁路为主导,充分发挥航空在客运、水运在货运中的作用。客运要突出高速铁路、铁路客运专线的快速运输功能;长途过境货运要最大限度发挥水运、铁

路运量大和能耗低的优势，中短距离货运则应充分利用高速公路运输的灵活性，强化长江中游城市群与国内主要增长极和城市群之间的紧密联系。

(2)城市群内城际交通模式。

①城市群内各中心城市间。客运逐步建立以铁路客运专线或高速铁路为依托，以城际轨道交通为接驳的环长江中游城市群快速铁路网；货运方面主要依托高等级航道、干线铁路、高速公路等快捷货运网络，满足武汉市、长沙市、南昌市三大城市及各中心城市之间快速货运需求，加快城市群集聚发展。

②城市圈内部与组团间。要逐步建立客运以城际轨道为主、货运以公路为主的交通发展模式。城市圈内部与组团间人口密度大，客运强度高，应选择以城际铁路为主的交通模式，辅以地铁(轻轨)、快速公交网建设；城市圈内部与组团间的货物运输以中短途为主，公路运输具有灵活性高、衔接性强等特点，具有较强优势。

16.3 战略路径

长江中游城市群综合运输服务一体化发展要着力实施“1+4”的战略路径，即以一体化战略为统领，加快实施创新驱动战略、集约化战略、先导型战略和可持续战略。

(1)一体化战略。

就是要综合考虑三地交通资源统筹配置、各种运输方式综合利用，打破“一亩三分地”思维定式，坚持问题与需求双轮驱动，着力破除基础设施、运输服务、市场统一、体制机制等方面的突出问题，在政策、规划、技术标准、建设时序、信息交互、经营规则、推进机制上进行统一协调和宏观调控，推动交通运输资源的集聚集成，实现规划同图、建设同步、运输一体、管理协同，提供一体化的运输服务。

(2)创新驱动战略。

就是要创新发展思路、方式、方法和手段，努力破解综合运输服务一体化发展中面临的利益诉求不同、发展模式差异、法规政策不统一、标准规范缺乏衔接等制度和行政壁垒。创新综合运输服务协同协作、融合竞合、跨界发展的支撑政策和发展模式，为全国及其他区域综合运输服务一体化发展提供示范和样板。

(3)集约化战略。

就是要加快长江中游城市群综合交通运输系统实现由“粗放型”向“集约型”战略转变，推进交通资源优化配置、综合利用和统筹协调，优化综合运输通道内资源配置、整合长江港口和桥位资源，鼓励交通枢纽立体化建设，优先发展公共交通，支持发展集约、高效的交通运输方式，提升综合运输体系的整体效能和服务水平。

(4)先导型战略。

就是要加快实现长江中游城市群综合交通运输发展由“内陆、适应型”向“开放、先导型”转变，按照交通运输服务一体化先行的总体要求，着眼引领城市群人口、产业和要素资源有序集聚和扩散需求，以及支撑中国经济新增长极塑造，加快完善综合交通网络，提升跨区域、跨方式综合运输服务一体化和便利化水平，在交通规划建设、政策制定、标准规范、行政执法等方面的衔接和协调上要积极探索、先行先试、打破常规。

(5)可持续战略。

就是要更新发展理念，转变发展模式，从结构、管理、技术等方面着手，鼓励发展绿色低碳环保交通，加快运输结构调整，加快轨道交通发展和水路尤其是长江黄金水道的利用，提高城际轨道客运以及铁路、水陆对外货运量比重，处理好交通运输发展与资源环境承载的关系。

16.4 发展目标

到2025年，长江中游城市群协同发展取得实质性进展，一体化发展格局基本形成，省会城市辐射带动作用进一步发挥，大中小城市和小城镇发展更加协调；基础设施互联互通水平大幅提高，综合立体交通网进一步完善，新型基础设施水平明显提高，区域协同创新体系初步建成。打造长江经济带发展和中部地区崛起的重要支撑、全国高质量发展的重要增长极、具有国际影响力的重要城市群。建设先进制造业基地，打造科技创新高地，构筑内陆地区改革开放高地，创建绿色发展先行区，培育高品质生活宜居地。

(1)交通网络外通内畅。

区际(域)快捷大能力铁路通道基本形成，“三角形、放射状”城际交通网络全面建成，边界衔接路网全部连通，连接机场、港口、铁路等综合交通枢纽的集疏运通道全面改善，形成长江中游城市群内武汉市、长沙市、南昌市之间“2小时交通圈”，城市圈内部与组团间“1小时通勤圈”，至周边城市群及主要经济区“1～2小时航空交通圈、4～5小时高铁交通圈”。

(2)运输服务一体便捷。

旅客出行更加便捷，新建或改扩建综合客运枢纽不同运输方式之间换乘时间不超过5分钟，主要城市间实现公交“一卡通”，在全国率先实现区域“一卡通”运营一体化，综合交通出行信息服务水平大幅提升，跨区域(方式)联网售票取得突破性进展，空铁通、空巴通等联程服务产品不断创新；货运组织更加高效，具备多式联运服务功能的综合货运枢纽(物流园区)得到快速发展，跨运输方式、跨部门、跨区域间信息共享与交互水平显著提高，铁水、公铁等联运服务形式更加丰富。

(3)运行管理协同高效。

综合交通运输运营、管理、制度和标准充分对接，方式间、地域间的行政壁垒和市场分割有效破除，法规政策不衔接、执法标准不统一、互联互认不配套等突出问题有效解决，综合交通运输发展的决策水平和管理水平显著提升。

（4）体制机制保障有力。

综合运输服务体制改革持续深化，大交通管理格局基本形成，长江中游城市群综合交通运输协调协商机制进一步健全完善，在规划联审、协同执法、物流管理、城际公交等方面协同机制取得明显进展。

第 17 章 主要对策

17.1 打造互联互通综合交通网络

17.1.1 完善综合交通网络结构

(1)畅通国际运输通道。

依托中欧铁路通道和武汉北、株洲北等主要铁路枢纽节点,以武汉市、长沙市为主要货源集结地,开辟加密至丝绸之路经济带沿线国家的国际货运班列,共同打造长江中游城市群联通亚欧的国际陆路通道;依托长江黄金水道,加强宜昌、武汉、岳阳、九江等沿江主要港口协作,加快武汉长江中游航运中心和三峡新通道建设,大力发展江海联运、铁水联运等模式,继续推进至沿海港口的"五定班列",试点开行铁路双层集装箱列车和新型集装箱平车,适时加密至 21 世纪海上丝绸之路沿线国家的航线,构建通达全球的航线网络;依托武汉天河机场开放第五航权的资源,推动长江中游城市群的主要城市协同构建连接全球主要枢纽机场的空中通道。

(2)优化区域综合运输通道结构。

以"三纵三横"综合运输大通道为主骨架,根据长江中游城市群功能发展定位和空间布局,合理确定区域一体化的交通网络格局、功能层次和建设规模,统筹利用通道交通资源,优化通道内方式、线路布局,加强跨运输方式的衔接和协调,协同推进渝长厦、九江至武汉、沿江高铁等高(快)速铁路、客运专线建设,协调推进区域内高速公路和国道建设,加快打通高速公路"断头路",加快通道繁忙区段扩能改造,全面消除跨区域国省干线"瓶颈路段",加强省际接口处技术等级对接,加强城际间的高快速路与中心城区内道路在技术标准、线路功能等方面的衔接,重点推进南昌至九江、京港澳高速湖北段等改造升级,加快赣湘边界修水至平江高速、湘鄂边界呼北高速宜昌至张家界段等重要路段建设,全面加快武汉至安庆(含九江段)6 米航道、武汉至宜昌 4.5 米航道等长江中游航道改造整治,实现内河水运通江达海,推动长江中游城市群加快形成以城际铁路、高速公路为骨架,以国省干线为支撑,“中心放射、外围成环”的城市群综合交通格局,实现长江中游城市群与国内主要经济区之间直连直通、城市群内部互联互通,为区域经济一体化发展、生产要素自由流动和公众便利化出行提供基础支撑。

17.1.2　促进轨道互联互通与融合发展

按照建设“轨道上的城市群”相关要求,加强不同层次轨道交通网络的融合,适当控制高速公路投资建设规模,将建设重点转向客专、城际铁路,从根本上改变区域陆路交通过度依赖公路的局面,优化交通运输结构。

(1)强化干线铁路建设。

以客运专线和高速铁路建设为契机,充分利用既有铁路资源,规划研究与周边城市群互联互通的快速通道,加快建设黔张常、咸宜井、九景衢、常岳九等长江中游城市群对外以及城市群之间铁路连接项目,进一步完善区域铁路网。

(2)扩大城际交通网络。

建设以武汉市、长沙市、南昌市为中心的“三角形、放射状”城际交通网络,覆盖长江中游城市群主要城镇发展走廊,改变各线独自运营的布局态势,对三市之间延伸至各自边界的城市轨道线路进行优化衔接,推进将武咸城际延伸至岳阳,形成武汉-咸宁-岳阳-长沙城际铁路,研究将远期规划的新余至宜春至萍乡城际铁路,与长株潭城际铁路联通,形成互联互通的轨道交通网络格局。

(3)促进轨道交通无缝衔接。

在具备条件的情况下,加强干线铁路与城际铁路、城市轨道交通、机场、城市大型客运枢纽的有机衔接,构建高效便捷的轨道交通网络,提早布局规划轨道交通无缝换乘设施,提高换乘效率。

(4)加快轨道交通一体化运营。

推进城市轨道交通在行车组织上,紧密配合国铁、城际轨道交通,及时根据客流变化调整列车间隔,组织灵活的列车开行方案。利用能力有富余的国铁线路,开行部分城际列车引入国铁客站,研究开行部分武汉至随州、襄阳、鄂州、九江、麻城等城市的城际列车。推进区域售检票系统一体化,促进长江中游城市群城际轨道交通和城市轨道交通实现“一卡通”。

17.2　打造一体化客运服务系统

17.2.1　加快综合客运枢纽发展

(1)推进综合客运枢纽集约配置。

根据城市群空间形态、旅客便捷化出行需求,进一步完善区域综合客运枢纽的层次、功能、规模，整合公路长途客运站、公交枢纽等交通资源，形成一体化、综合性客运枢纽，优先打造面向国际、国内中长途出行服务的综合客运枢纽，优先建设集散、中转功能突出的综合客运枢纽，优先发展依托铁路新建线路的综合客运枢纽。以高速铁路、城际铁路、机场等建设为契机，进一步调整和优化武汉市、长沙市、南昌市等全国性节点城市和宜昌市、襄阳市、岳阳市、九江市等区域性节点城市规划布局的综合客运枢纽项目的规模、功能、建设时序，加强武汉城市圈、环长株潭城市群和环鄱阳湖城市群核心组团组合枢纽的发展，进一步优化功能、定位、辐射范围，优化枢纽配置、提高枢纽效率、扩大辐射半径，实现错位发展、优势互补，强化承担整个长江中游城市群国际或国内中长途交通出行服务功能，协同打造长江中游城市群重要的对外“窗口”和主要“门户”；推动咸宁-岳阳-九江、荆州-岳阳-常德-益阳等省际毗邻城市组团间综合客运枢纽的统筹规划、集约布局、共建共享，打破行政分割和市场壁垒，探索跨江、跨省合作新模式，强化此类枢纽承担城市群内部各城市组团间客流快速转换服务功能，共同打造城市群内部重要的“都市换乘枢纽”，原则不再单独建设公路客运站。

(2)强化综合客运枢纽一体衔接。

建立健全综合客运枢纽协同工作机制，按照“统筹规划、一体设计、同步建设、同期运营”的要求，加强干线铁路、城际铁路、干线公路、机场与城市轨道交通、地面公共交通、市郊铁路、私人交通等设施在枢纽内的紧密衔接，因地制宜选择综合、立体、网络衔接等不同形式的枢纽站场设施衔接方式，尽可能实现同站换乘、立体换乘，推动高速铁路、城际铁路在城市中心区设站，并作为城市大容量快速公共客运线网的重要控制点，同步建设或预留相应换乘设施。依托机场、高速铁路、城际铁路、城市轨道交通等，重点推进武汉天河机场交通中心、武汉西客运枢纽、宜昌点军客运枢纽、九江客运西站、株洲综合客运枢纽等一批集多种运输方式于一体的综合客运枢纽建设。加快综合客运枢纽改造升级和配套设施建设，优化综合客运枢纽主要集疏运线路布局（含城市轨道和高、快速路）并提出具体衔接要求，推动重要客运枢纽之间建立快速、直达客运通道，提升枢纽周边路网密度，实现周边路网功能匹配和有方便的慢性系统衔接，提升枢纽服务能力，更好地满足出行便利、一体化要求，重点推进武汉天河机场交通中心轨道交通、武汉机场东线通道建设，畅通武汉高铁站与天河机场的快速通道，推进昌北国际机场综合客运枢纽改建、加快轨道交通与机场的衔接，南昌火车站与公路长途客运站、城市公交站一体化改造，完善南昌、宜春高铁站、长沙黄花国际机场配套设施建设，建设长株潭城市群城际铁路株洲配套站等。

(3)加强综合客运枢纽协同运营。

加强各运输方式间交通标志指引、标识的规范统一、连续清晰、准确易懂，完善枢纽内部交通指引系统，研究建立《长江中游城市群综合客运枢纽导向系统建设导则》，规范统一站场导向系统的设计标准、枢纽识别系统，对区域内综合客运枢纽的导向标识在分类、字体、颜色、安装形式、安置范围等方面提出规范性要求，逐步统一，实现高效换乘。

对于出入口较多的综合客运枢纽，建议出入口编号采用阿拉伯数字方式，并按顺序进行标注，体现引导功能，并能彰显区域的包容性，体现国际化风格。积极推广宜春高铁站综合客运枢纽运营管理模式，不断推进综合客运枢纽一体化运营管理，发展专业化、实体化枢纽运营管理企业，推广"综合交通枢纽运营管理公司＋专业物业公司"模式，推动铁路、公路、民航、城市交通等服务标准在枢纽内有效衔接，切实发挥交通资源整合的效用效益。推动属地人民政府建立枢纽及周边地区综合治理工作机制，加强枢纽周边环境和应急管理的统筹协调。

(4)拓展综合客运枢纽多元化功能。

推动不同运输方式互设自助售票取票设备，加强不同运输方式运行时刻衔接，鼓励发展换乘行李推车等服务设施设备，探索开展旅客"行李直挂"和跨方式行李联程托运等业务，优化枢纽换乘接驳服务。以综合客运枢纽为依托，鼓励发展停车换乘(P＋R)交通模式、异地候机楼快线巴士、班线公交运营中途配客服务以及汽车租赁门店网点等多项服务，将综合客运枢纽发展成为旅客一体化出行体验的多模式选择载体。鼓励枢纽用地综合开发，适度拓展枢纽内餐饮、购物、娱乐等多元化便民服务功能，推动具备条件的综合客运枢纽向城市综合体转型发展。

17.2.2　推进信息资源集成应用

(1)推进综合交通信息资源整合共享。

建立健全三省、各部门信息互通共享机制和可持续运营管理模式，明确交互共享的数据内容、技术标准、功能模块等，开发信息交换接口系统，制订信息交换协议，建立统一的基础数据库，推动三地之间、铁路与公路、民航、城市交通等不同运输方式间交通信息资源共享共用，构建长江中游城市群区域层面、组团层面的综合交通信息服务平台，推动信息的全面公开与共享利用。重点推进湖北省交通运输云数据中心、湖南、江西综合运输公共信息服务平台、黄石智慧交通云平台等建设，推进长江中游城市群核心城市间、组团之间的数据交换、共享。

(2)加快公众出行信息服务系统互联互通。

打破行业条块分割和行政壁垒，联合铁路、公路、水路、民航以及三地城市交通等行业管理部门，统筹调动铁路、公路、民航、城市交通等运输企业以及第三方网络平台等各方资源，建设基于政企合作模式的长江中游城市群一体化交通出行信息服务平台，实现不同运输方式在综合枢纽内提供全方式、全环节、全覆盖的交通接驳信息，推送和查询系统(如民航离到港、铁路列车到发时刻、地铁运营时刻信息等)，支持企业整合多种信息资源，以公众出行服务网站、多媒体查询、移动终端、可变信息板等多种形式，合理引导公众出行，为社会公众提供跨区域、全过程的出行信息服务。重点推进湖北省"互联网＋出行服务系统"、江西省公众出行服务网、赣通宝 App 等建设完善和功能升级。

(3)加快推进区域城市公交“一卡通”。

围绕实现互联互通的要求,统筹考虑赣通卡、武汉通、长株潭IC卡应用现状,健全完善并加快实施《城市群交通一卡通互联互通工作实施方案》,统一技术标准规范,开展区域清分结算平台设计、制定区域互联互通清分结算业务规则,组建省会城市合作的交通一卡通专业运营公司、探索建立市场化、社会化运营合作模式等。充分利用存量资源,对已有系统进行升级、改造,在不影响存量卡使用的同时,采取积极稳妥、有序替换的方式,推进向统一技术标准和业务规则的平稳过渡;对于新建系统,要严格按照部颁标准和实施方案的要求推进实施,实施交通一卡通跨区(市)域、跨交通方式的互联互通,加快推进鄂湘赣交通“一卡通”在武汉城市圈、长株潭城市圈、环鄱阳湖城市群以及长株潭——新宜萍等省际毗邻城市,组团间的推广应用,以点带面逐步扩展到三省所有城市,在全国率先实现长江中游城市群“一卡通”运营一体化。推动鄂湘赣交通一卡通在出租汽车、长途客运、城际轨道、水上客运、公共自行车及停车服务等领域的应用,积极推进在高速铁路、民航等领域的应用,拓展小额支付、移动支付等服务功能。

(4)加快区域客运联网售票系统建设。

按照《交通运输部办公厅关于开展道路客运联网售票系统部省联网工作的通知》《交通运输部办公厅关于印发省域道路客运联网售票系统工程建设指南的通知》以及《部级联网售票平台接入技术要求(试行)》等相关文件要求,加快推进三省道路客运联网售票一体化工作,制定并组织实施《城市群道路客运联网售票一体化实施方案》,统一标准,规范接口,协同规则,建立机制,重点建设鄂湘赣道路客运联网售票一体化平台,主要承担三省道路客运数据汇聚、清洗、融合及省际联网售票和清分结算功能,继续扩大“楚天行”联网售票系统覆盖面,拓展至所有县市及部分重点乡镇客运站,加快推进“赣优行”联网售票系统的建设,实现二级以上客运站全覆盖和具备条件的三级站的推广使用,并做好与鄂湘赣道路客运联网售票一体化平台的对接与改造,按照一体化平台的建设要求加快湖南“一路湘伴”道路客运联网售票系统的建设。以鄂湘赣道路客运联网售票一体化平台为依托,强化与城市群城市公交“一卡通”平台、公众出行信息服务平台的对接融合,推进与铁路、民航票务系统的衔接,实现跨省域、跨方式和部省的互联互通。

17.2.3 提升客运组织化水平

(1)加快旅客联程运输发展。

积极推进跨运输方式的客运联程系统建设,统筹运输方式间运力、班次对接尤其是民航与高铁时刻对接,鼓励开展空铁、空巴、公铁等联程运输服务形式,鼓励地方结合实际,创新联运服务模式,重点推进潜江火车站至天河机场候机直达的一站式服务;支持湖南空港实业股份有限公司与东航、南航等航空公司间以“虚拟航班”模式开展“地-空-地”异地“空地联运”;推动解决湘潭至长沙南高铁站、株洲西高铁站、黄花机场等“公铁通”“空巴通”经营主体资质、设施设备标准不足等问题;研究支持开通萍乡、新余城市候机楼至宜春明月山机场班车专线等。推广应用电子客票、联网售票、实名制购票，推动建立跨运输方式的旅客联运票务服务平台，实现各方式间票务系统的有效对接，推进各种运输方式间往返、联程、异地等各类票务业务，逐步实现旅客出行“一票到底”。推行跨方式异地候机候车、行李联程托运等服务，拓展候机楼功能，逐步实现旅客“徒手出行”。重点推进长沙高铁南站异地航站楼建设、研究推进湖南空港实业公司在各地市州或长途客运站城市值机厅建设，支持湖北黄石华龙旅游客运有限公司继续加强异地城市候机楼建设，逐步实现“异地机场本地化”等。支持企业建设基于全环节的出行规划信息服务平台，为旅客提供从出发地到目的地的“点到点”行程规划，也可以在该平台进行跨方式的购票服务。

(2)推进省际毗邻区域城际公交建设。

综合考虑市场需求、管理现状及各方利益，及时总结黄梅-九江、监利-岳阳、来凤-龙山等省际班线公交化试点经验，协同研究确定道路客运班线公交化改造的条件和标准，编制鄂湘赣省际毗邻地区主要通道客运班线公交化改造计划，明确改造的毗邻地区、主要通道和试点线路，引导调整省际毗邻地区道路客运经营结构，优化线路审批制度，推进票制票价完善，优化站点设置，鼓励客运企业成立跨区域联盟，提交公交化运营服务水平和可持续发展能力。在已有试点基础上，加快宜昌市、荆州市与岳阳市、常德市三峡区域等省际毗邻地区的公交化改造步伐，并做好企业主体、运行线路、发班时刻、站点设置等方面的对接，共同构建毗邻地区公交化客运网络。

(3)协同打造旅游客运精品服务网络。

推动三省龙头(骨干)运输企业以线路班车为载体，协同打造“快进慢游”的便捷运输服务系统，开行旅游目的地与主要客源地间的旅游专线服务。重点推进长江三峡-荆州-长沙-洞庭湖(岳阳楼)-武汉(黄鹤楼)-九江(庐山)-鄱阳湖-南昌(滕王阁)等旅游线路的运输资源集约整合，共同打造跨区域旅游客运精品服务网络。继续推进南昌至三峡、至神农架，武汉、长沙至万达乐园，武汉、长沙至庐山、井冈山等著名景点、旅游胜地客运专线的集约整合和协同发展。

(4)建立区域长途客运接驳运输联盟。

根据三省接驳运输现有发展情况，积极推动江西长运、湖南龙骧、湖北公路客运集团等骨干运输企业建立鄂湘赣长途客运接驳运输联盟，重点推进接驳点规划建设区域统筹，站点资源、人力资源和信息平台省际共享，推动管理运营区域一体化。推动联盟在做大做实的基础上向实体联盟转化，强化与全国接驳运输联盟及其他区域接驳运输联盟的协调配合和融合发展。继续推进湖北长途客运接驳鄂东、鄂西与中部联盟发展，强化对联盟内企业的管理，建立动态调整机制，加强规范化运作，加快江西省长途客运接驳运输联盟发展，协调相关部门继续启动湖南长途运输接驳运输试点工作，在此基础上，推动长江中游城市群接驳运输“串成线、连成片”，实现区域内长途客运资源整合和集约。

(5)推广城际约租、节点运输等组织模式。

依托高铁站、城际轨道站以及机场等积极推广武汉城市圈、长沙至常德、株洲等“城际约租”服务模式(图 17-1),推动建立统一的调度平台和网络化运营机制,实施有竞争力的票价政策,推动在环鄱阳湖、长株潭城市群以及新余-宜春-萍乡等城市组团,启动“城际约租”试点工作,一方面为城际车站汇集客流,实现客运无缝接驳服务;另一方面为城市轨道运输未覆盖区域提供客运服务,同时满足城市群客运出行较高的商务需求量。

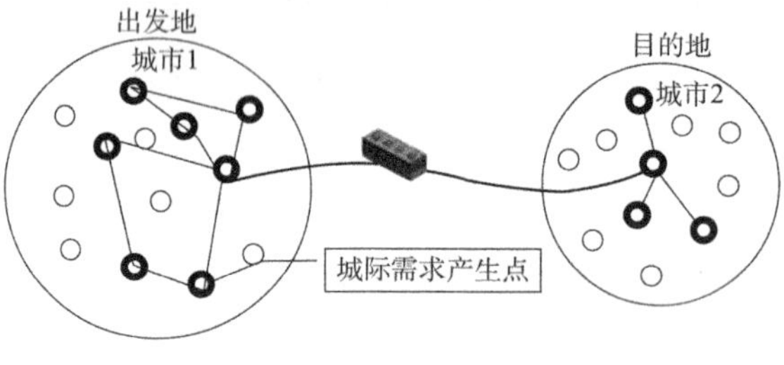

图 17-1　城际约租运行模式

鼓励探索长途客运班线节点运输模式,统筹解决政策措施支持(高速公路配客站建设、直达班车配载、客运联票使用等)、信息技术支撑(统一售票、集中换乘等)、市场监管保障(安全、超载)等问题,进一步推动跨区域企业间协作,进一步整合优势线路资源,进一步提高行业组织化程度,提高旅客出行便捷性。继续推进江西长运南昌公司与省内的九江长运、新余公司,以及与湖北宜昌客运公司开通南昌至重庆的节点运输。鼓励三省骨干运输企业组建线路公司开展线路专营改造,充分发挥车辆运营利用率,实现跨区域集约化、规模化经营,依托武汉-南昌、长沙-南昌等班线,推动江西长运南昌公司与湖北省、湖南省骨干客运公司协商,组建线路公司,形成一体化、规模化经营。重点围绕高铁站和机场等枢纽,依托品牌企业,加强运管联网,积极发展汽车租赁业务,实现“三圈三核三极”异地租车和异地换车,发展“高铁(机场)+租车”的模式,满足城市群日益增长的商务、旅游等高层次、个性化的出行需求。

17.2.4　推动机场一体化发展

(1)优化城市群机场功能布局。

综合考虑交通区位、市场需求、运力匹配、辐射能力等因素,强化武汉天河机场国际航空枢纽功能,对现有航班航线进行结构性调整,把部分国内航线分流给昌北机场,将释放的优质时刻更多地用于中远程国际航班航线、港澳台航班和国内重点干线航班,进一步提高国际航班在天河机场的比重,提高国际以及中转旅客的比例,增加天河机场的国际竞争力,将武汉天河机场打造成全国第四门户机场和长江中游城市群的国际门户。发挥长沙黄花国际机场区域性机场作用,完善航线布局,扩大服务范围,提升区域枢纽功能。昌北机场作为干线机场,应大力发展低成本航空,完善低成本运营相关配套设施,吸引低成本航空公司新增航线航班。

(2)加强空域资源统筹。

研究建立鄂湘赣空域大终端联合管制机制,统筹协调各机场的航班运行,推进三地机场、航空公司以市场为导向、资本为纽带的合资合作,调整优化运力部署,合理安排航线航班,高效利用区域航空资源,尽量避免同质化、同构性竞争,逐步推进长江中游城市群在机场的航线布局、航班编排、空中交通管理等方面,实现一体化统筹安排,实现三地机场的利益和运营一体化。共同争取将长江中游城市群区域列入低空试点范围,大力发展三地间的干线航线和旅游航班,加强与国内其他主要机场群的协调,建立广泛的机场战略联盟,提高空运品质和覆盖范围。

(3)加强机场与区域主要节点城市间轨道交通建设。

武汉天河机场因其在位置和规模上的优势,将在长江中游城市群中发挥核心作用,要进一步加强城市群主要节点城市如九江市、南昌市、宜春市等与武汉天河机场、长沙黄花机场的高效、便捷的快速轨道交通联系,构建这些城市对外开放的国际门户,显著提升长江中游城市群的对外开放度,加速区域的国际化进程。

17.3 打造一体化物流服务体系

17.3.1 统筹配置综合货运枢纽功能

(1)优化综合货运枢纽功能布局。

优化鄂湘赣三地枢纽在综合交通网络中的分工定位,优化分层、分类节点布局,健全规划审核机制,统筹做好与土地利用总体规划、城乡规划等衔接,推动各种运输方式枢纽规划集中布局、一体化建设,支持公共服务设施建设和开放共享,共同推动形成若干个城市群级、城市圈级和城市级综合货运枢纽,见表 17-1。依托大型铁路、港口、航空枢纽或物流园区,推进具有较强公共服务属性和区域辐射能力的综合货运枢纽(物流园区)项目建设,优先支持具备多式联运、干支衔接、口岸服务等功能的综合货运枢纽(物流园区)项目,重点推进武汉汉口北公铁联运中心、襄阳国际陆港物流园、宜昌白洋港物流园、向塘铁路物流中心、鹰潭林安智慧物流园、株洲铁路综合物流园、树木岭铁路货场、霞凝铁路货场等项目建设。

长江中游城市群综合货运枢纽(物流园区)情况　　表 17-1

货运枢纽	辐射范围	主体功能	代表性枢纽
城市群级	辐射全国,长江中游城市间实现全国以及国际间货物高效组织的重要载体	大规模、跨区域货物的联运、换装、组织等功能	武汉港、岳阳港、九江港、吴家山集装箱中心站、武汉天河机场等

续上表

货运枢纽	辐射范围	主体功能	代表性枢纽
城市圈级	城市群内部	承载武汉、长沙、南昌等城市圈各中心城市间货物的联运、中转、组织等功能	长沙黄花机场、南昌昌北机场、武汉滠口货场、长沙港、南昌港、南昌向塘铁路物流中心、黄石新港等
城市级	城市内部	城市内部的城市配送和特定产业	江西三志物流园、抚州综合物流园、宜昌三峡物流园等

(2)提升综合货运枢纽集约化发展水平。

推进铁路集装箱中心站建设,鼓励铁路货运站场强化多式联运功能设施,加快向综合货运枢纽和物流服务中心转型升级。拓展港口枢纽功能,延伸港口物流产业链,积极推进国际和区域性航运中心建设。推进国内航空货运转运中心、连接国际重要航空货运中心的大型货运枢纽项目建设,推进机场、铁路和公路站场、港口码头邮政和快递功能区建设。加快推进具备干支衔接、通用集散功能并能提供线上线下服务的综合货运枢纽(物流园区)项目建设,鼓励应用互联网技术实现车货配载、零担快运、区域分拨、城乡配送等功能融合发展。强化综合货运枢纽与关联产业的联动发展,积极拓展市场交易、仓储配送、流通加工、金融结算等配套服务功能,推进口岸功能与货运枢纽(物流园区)融合发展,完善保税物流、国际中转和分拨、通关结算等服务功能,推动海关特殊监管区域、国际陆港、口岸等协调发展,构建产业集聚发展公共服务平台。以武汉吴家山铁路集装箱中心站、滠口铁路物流基地、长沙黄花机场、南昌港等为重点,加快枢纽站场的功能提升和升级改造。

(3)完善综合货运枢纽集疏运体系。

重点推进内河主要港口疏港铁路、疏港公路建设,完善铁路集装箱中心站、铁路物流基地等进出站场配套道路设施。加快航空货运枢纽以及邮政快递分拨中心等外联专用公路项目建设,支持大型综合物流园区引入铁路专用线。畅通综合货运枢纽站场与城市主干道的连接,完善城市配送网络,提高干支衔接能力和转运分拨效率。建成武汉新港江北铁路香炉山至黄州段,完善武汉阳逻港、白浒山等重点港区的公路集疏运通道,尽快启动黄石新港、岳阳城陵矶港等铁路专用线建设。

(4)促进综合货运枢纽一体化运营。

加强三地综合货运枢纽发展合资合作,按照资源共享、利益均沾、各取所需的原则,鼓励和支持综合货运枢纽开发建设和经营管理模式创新。以规划新建的综合货运枢纽为载体,探索多种形式的合资合作,创设参与各方利益共享机制,完善合作开发建设模式,推动三地政府、政府与企业、企业与企业共同或者一方主导进行权益性投资建设,按约定对投资项目实施投资管理;以既有综合货运枢纽为载体,探索收购兼并、股权转让、资产剥离等多种形式的资源整合和资产重组模式。创新合作联盟及合作运行机制,鼓励区域综合货运枢纽联盟化发展，组建综合货运枢纽联盟使得区域综合货运枢纽之间产生合作的协同效应，有利于打破区域物流条块分割、地方保护和行业规制限制等障碍，促进园区各自的市场边界相互融合，土地、设施、信息等物流资源得到有效整合和交互式共享利用。考虑到既有综合货运枢纽经营主体、经营方式已经相对稳定和成熟，宜采用契约式的联盟方式；新建综合货运枢纽尤其是跨界综合货运枢纽的建设，宜采用合资式的联盟方式，建立共同的协调机构，对联盟的资源和任务进行统一计划和管理。

17.3.2　推进港口群协同发展

(1)优化区域港口分工和定位。

促进三地港口优势互补、合作共赢和错位发展，武汉港应加快长江中游航运中心建设，提升航运中心功能，以集装箱干线运输为重点，大力发展航运、贸易、金融、信息、物流等现代服务业，积极发展化工等专业化货运和邮轮等高端客运服务，适当将散货运输疏解到区域内其他港口，发挥在区域港口群中的引领作用；宜昌港打造成以三峡翻坝为特色、货物翻坝转运和旅游客运集散为核心的三峡现代物流中心；黄石新港全面发展散货、杂货、集装箱等综合物资运输，建成服务省内、辐射赣北与皖西的物流枢纽；岳阳城陵矶港主要发展煤炭、矿石、砂石、石油及相关制品和集装箱多式联运和水水中转，打造成湖南省“3+5”城市群和周边湖北、江西部分地区的主要水陆中转点；九江新港继续巩固传统散杂货、集装箱装卸堆存业务，大力拓展临港工业、现代物流等服务功能，提升综合运输服务能力，逐步形成以武汉阳逻港为核心，以岳阳城陵矶港、九江新港、黄石新港、宜昌港等长江干线港口为主体，以长沙港、南昌港、襄阳新港等支线港口为补充的港口发展格局，构建层次合理、优势互补、协同发展的水水中转联运体系，打造长江中游集装箱和大宗物资集散基地。

(2)探索建立“港口协会+企业资本渗透模式”。

探索建立长江中游港口群管理协调委员会，按照“政府退、协会进、企业是主体”的原则，探索建立“港口协会+企业资本渗透模式”推进港口群协同发展。管理协调委员会主要对三地的港口进行统一规划和管理，按照各自港口功能定位制定开发战略和建设计划，组织开展涉及三地港口发展的重大问题及政策研究，避免各港口之间的恶性无序竞争和低水平重复建设，促进港口集约化、规模化、专业化发展，提升长江中游城市群港口的整体竞争力。地方政府应该以协调为主，保证港口经营独立性，通过立法营造良好的市场环境，同时尝试采用类似“TOD”模式，扩大港口企业经营权；借鉴欧洲海港组织的成功经验，充分发挥长江中游城市群港口航运协会作用，推进通关手续、市场管理、行政执法、政策体系等一体化。

(3)推动航线资源优化整合。

推进三地航运企业加强合作，通过建立战略联盟、开展合资合作、协调资源配置、互为供应服务商、共同开发客户，开拓新兴市场等方式，建立战略合作伙伴关系。推动设立水运航线发展引导资金，制定实施优惠政策，吸引更多货主选择水路运输，规范三地港口航线补贴政策，形成层次分明、结构合理、形式多样的长江中游航线体系。武汉阳逻港围绕长江中游航运中心建设，以发展武汉阳逻港至上海洋山港江海直达航线、至川渝地区，武汉至台湾近洋集装箱航线和武汉至日韩、东南亚国际近洋集装箱航线运输为主，并不断扩大内支线发展规模和辐射范围；长江干线港口以长江航线集装箱运输和大宗散货集散为主，同时为武汉港提供喂给运输，积极推进岳阳-武汉-九江区域航线开发；支线港口以喂给运输为主，积极开辟和发展湘江、汉江、洞庭湖区等支线港口至长江干线港口的喂给航线。

(4)深化港航服务业和港口物流等领域合作。

以资本为纽带，采取交叉持股、合资合作等码头合作方式，建立相互投资、优势互补的跨区域投资模式，先期可以在码头操作平台、物流运输体系、通关一体化、信息共享、相关政策等方面加强合作，随着合作深入，进一步加强在物流链拓展、航运金融、航运保险等方面的合作。推动武汉新港由生产经营型向资本营运型转型，以资本为纽带，通过兼并、重组、收购、参股控股、联盟合作等方式整合长江中游城市群港口资源。鼓励长江中游城市群各码头企业之间、码头企业和内河船舶运输企业之间互相参股、相互投资，共同参与码头建设和经营运作、内河航线的开拓与经营，打造长江中游港口群利益共同体，重点推进建立武汉港、岳阳港、九江港分工合作机制，最大限度扩大辐射范围，避免内部过度竞争，增强区域竞争力。推动三地共同以长江中游港口群的名义招商引资，加强与沿海港口、长江上下游港、铁路运输企业等合作发展。共同推进襄阳市、湘潭市、上饶市、抚州市等地无水港建设，推动无水港向物流园区方向转型升级，扩大长江中游城市群港口腹地范围。推动区域内港口共同合资合作组建以港口为核心的第三方物流企业，联手发展服务长江中游城市群的港口物流。

17.3.3 推广先进运输组织模式

(1)优化多式联运网络。

依托长江黄金水道优势，提高武汉、岳阳、九江等长江沿线港口的货物聚集和辐射能力，推进以集装箱为重点的江海直达、江海中转联运；依托商品车制造沿江布局和三峡库区，积极推进公水滚装联运发展，创新商品车沿长江滚装联运模式，建设专用滚装码头，积极开通汉渝线(武汉-重庆)、申线(武汉-上海)、渝申线(重庆-上海)等滚装航线，探索开展基于半挂车的滚装运输；充分发挥京九、京广等铁路大动脉和长江黄金水道的组合效率，大力发展铁水联运，强化铁路和港口的规划衔接，积极推进集装箱、煤炭和矿石在长江沿线港口上下水，加快推进“北煤南运”多式联运通道建设；依托武汉天河机场和顺丰鄂州货运机场，拓展“空空 + 空地”货物集疏模式，整合江西省、湖南省等地高附加值货源及两地飞深圳的全货机航线，提高货物聚集和辐射能力，完善覆盖国内、联通国际的航空货运网络，加快鄂州货运机场对外的公路、轨道交通及配套设施建设，加快航空货运服务业发展，积极开展空陆联运，试点推进快件空铁联运，创新“卡车航班”无缝对接运营模式，逐步把鄂州货运机场打造成中国的“孟菲斯”；支持三地铁路企业积极发展高效准时的直达运输，稳步扩大快捷货运班列运营规模，加快推进铁路零散快运、货运班列的货物集装化，探索开通服务三地的循环货运班列，加强与公路货运企业的业务协作，发挥各自优势，完善门到门网点布局，积极推动公铁联运发展；以长江中游城市群为重点货源腹地，推进汉欧班列、湘欧快线、赣欧亚等班列货源整合，以武汉市为货物始发和集结地，在长沙市、南昌市、九江市、岳阳市等地设立分拨集散中心，加强与三地港口、机场、公路货运站、海关监管场所以及产业园区等的统筹布局和联动发展，贯通“一带一路”和长江经济带，共同打造长江中游发往欧洲的中欧班列“长江号”统一品牌线路（图 17-2）。推进“阳逻港-吴家山-滠口货场”铁水联运国家示范工程建设，以此为契机，三地联合启动区域内多式联运示范工程项目，择优申报国家级示范工程，逐步构建以“一单制”为核心的便捷运输制度，建立健全适合内陆多式联运的标准规范和服务规则，在铁水联运、公铁联运两个关键领域率先突破，推进铁路和港口、航运企业的优质资源整合，培育铁水联运经营人，鼓励运输企业以资本、产品、信息为纽带，发展跨区域、跨方式、跨产业的集群式合作联盟，推进冷藏集装箱、罐式集装箱等专业化多式联运的发展。

图 17-2　中欧班列“长江号”首发

（2）创新甩挂运输实现模式。

重点支持多式联运、干支衔接、网络型、联盟型、无车承运等类型甩挂运输试点项目，支持骨干企业在特定通道上探索中置轴汽车列车、挂车互换或接驳甩挂运输试点项目。鼓励甩挂运输企业以联营、参股、合作等方式联盟发展，继续推动华中甩挂运输联盟发展，探索建立长江中游城市群甩挂运输联盟，积极推动甩挂运输企业开放整合线路、站场和货源资源，推动区域干线甩挂运输网络建设。整合长江中游城市群三地挂车资源，探索成立长江中游城市群挂车及装备租赁公司，共建“挂车池”，在三地之间开展挂车租赁、挂车互换等业务，提高车辆利用效率。加快推进城市群内部零担快运甩挂运输、港口及主要城市间集装箱双重甩挂运输、区域清洁能源多点甩挂运输的发展，提升区域货运的组织效率和服务水平。

(3)开展区域绿色货运配送示范行动。

加强物流大通道与都市圈、城市群货运配送网络的有序对接,优化城际间的甩挂运输和城区内配送节点网络,支持武汉市、长沙市、南昌市、宜昌市等主要物流节点城市统筹规划建设具有干支衔接功能的大型货运枢纽(物流园区),依托这些货运枢纽发展多种形式的集中配送、统一配送和共同配送,推进货运配送公共信息平台共享互通,加快淘汰重污染的老旧货运车辆,鼓励发展标准、环保的货运配送车辆,健全完善区域内配送车辆便利化通行政策,促进城际干线甩挂运输和城市末端共同配送的有机衔接,形成集约、高效、绿色的一体化货运配送组织链条,实现集约利用土地资源,大幅度减少城际和市区货车交通流量,降低区域内大气污染和城市拥堵。

17.3.4 推进信息交互共享

(1)建立信息共享机制。

推动三地之间加快建立部门间、政企间、企业间货运物流信息资源互联共享推进机制,协同完善信息共享标准,明晰责任边界、利益分配、共享条件、信息目录、交换接口、风险管控等事项,推动数据资源的适时交换和有效供给。探索通过联盟式合作、龙头企业带动等形式,推进跨区域、跨部门多式联运信息共享。

(2)搭建公共服务平台。

依托国家交通运输物流公共信息平台和电子口岸公共平台与现有业务管理信息系统,推进三地交通物流公共信息平台建设,推动三地省际平台之间率先实现数据对接、信息互联,为市场各参与方提供资质资格、认证认可、检验检测、通关查验、税收征缴、违法违章、信用评价、政策动态等“一站式”公共信息服务。推动建设承载“一单制”电子标签赋码及信息汇集、共享、监测等功能的公共服务平台,推进不同运输方式、不同企业间多式联运信息的开放共享和互联互通。加快推进长江中游城市群物流园区公共信息服务平台、港口集装箱多式联运信息服务系统等重点工程建设。

(3)鼓励企业信息交互。

支持公共服务机构、大型企业针对社会化物流需求提供基于物联网、云计算、大数据的各类应用服务。支持行业协会、商会和企业联盟推广应用信息共享标准,促进各参与方信息共享、流程优化和业务协同。鼓励企业有序开放班列运行、货物进港离港、进出站场状态和航班计划等服务信息,实现信息及时交互,推动运力精准匹配。引导企业创新应用多式联运领域“电子运单”“网上结算”等服务形式,促进单证流转无纸化。

17.3.5 提升装备现代化水平

(1)提升装备标准化水平。

按照交通运输部统一部署,推动实施货运车型标准化专项行动,联合加大对车辆运输车、半挂汽车列车、危险品运输罐车的非法改装和超载超限的治理力度,加快推进船型标准化工作。推进跨方式技术装备标准化,推广应用集装箱、厢式半挂车、托盘等标准化运载单元和货运车辆,探索发展模块化汽车列车。研发推广公铁两用挂车等快速转运装备。引导和培育集装箱、半挂车、铁路平车以及托盘等多式联运设备租赁市场。

(2)提升装备专业化水平。

积极推动煤炭、铁矿石等"散改集运输",研发散货专业集装箱以及相应装备。推动武汉铁路局、南昌铁路局及广铁集团联合研发专用铁路平车,积极推动驮背运输、53尺内陆集装箱在长江中游地区先行先试。积极发展一批大吨位干散货船、集装箱船、液化危险品船和汽车滚装船等专业化船舶,基本形成以江海直达船为核心,通江达海、结构优化的船舶运输体系。支持发展集装箱箱管、半挂车车管、托盘循环共用与回收等专业化服务。

17.4 打造统一开放的市场环境

17.4.1 推进法规政策标准对接

(1)强化地方性法规规章和规范的衔接。

由三地交通运输管理部门对旅客、货物运输管理办法及相关规范进行对接,逐步建立区域统一的运输市场准入条件和退出机制,努力消除地方性差异,重点清理阻碍旅客联程运输、货物多式联运及企业规模化、网络化发展的制度,促进运输资源有序自由流动,提高资源配置效率,如完善城际公交运营的法规,统一运输市场准入标准和市场管理规则,鼓励客运企业异地参加客运班线投标等;研究并制定规范的物流业发展区域性法规和政府规章,进一步规范区域市场准入条件,增加管理透明度,整顿和规范区域物流市场秩序,对不适应现代物流发展的规定、政策进行修改与完善,制止不正当竞争、限制竞争及其他违法行为,如无车承运人、多式联运、小件快运、网约车、城市配送等新兴业务模式的地方性服务规范、监管条例等。

(2)研究解决影响企业一体化运作、网络化发展的政策。

协同工商等相关部门,推动出台运输企业异地设立非法人分支机构、增设经营网点便利化的政策措施;协调税务部门等允许集团型物流企业实行企业所得税总分机构统一申报缴纳;推进道路客运班线经营许可改革,扩大企业在线路经营、车型选择、站点变更等方面的经营自主权,下放毗邻省份毗邻县的客运班线审批权;促进区域车辆通行政策的衔接,出入三地主要港口及主要道路,享受与本地车辆相同的政策;统筹规范对集装箱运输的补贴政策;创新武汉多式联运监管中心监管模式,推进铁路舱单与海运、公路、航空舱单共享和舱单分拨、分拆、合并。

(3)协同推进运输服务标准制修订和监督实施。

推进综合交通运输标准体系建设,重点协同研究制定综合运输枢纽、轨道交通网络、旅客联程运输、货物多式联运、公共信息服务平台等相关设施设备的技术标准、运营服务规范，加强与国家标准、行业标准、企业标准等协调对接，强化标准化建设对综合运输服务一体化发展的支撑与保障。

17.4.2 营造一体化高效运行环境

(1)加强武汉铁路局、南昌铁路局以及广铁集团等铁路系统内部统筹协调，统筹编组站布局，提升跨路局车辆组织和线路调度效率。

(2)提高三地高速公路 ETC 系统覆盖率，研究推进标准厢式货车使用 ETC 系统，推动三地区域路网运行信息联网，联合进行汽车电子标识试点工作，采用智能化手段提高车辆通行的便利性；研究建立营运车辆综合性能检测异地审验与互认制度。

(3)开放水路交通信息平台，推进共享船舶登记、注册船员、船舶检验等基础信息；探索实行船检审图互认，有效简化区域船舶检验业务办理程序；理顺通航建筑物管理体制，建立上下游枢纽通航联合调度机制。

17.4.3 强化运输市场跨区域监管

(1)推动区域运政稽查与安全应急联网联动。

推动运政管理信息系统、运输车辆动态监控系统互联互通，建立运政执法信息通报和联合稽查制度，建立安全应急、防汛抢险道路运输联动机制。

(2)研究建立运输服务市场区域封锁、行业垄断行为投诉举报、受理取证、审查撤销机制。

重点推进三地“12328”交通运输服务监督电话系统建设，完善服务功能，积极推进与铁路、民航、邮政等领域服务电话的业务协同办理与自动转接，畅通服务咨询渠道。

(3)推进综合执法、协同执法和执法互认。

逐步建立健全三地执法联动机制，统一执法标准，重点推进公路领域联合执法，加强货运车辆超限超载整治，加快健全大件运输跨省超限运输联合审批制度，强化综合协调和互联互认，健全港航、海事管理部门协同监管机制，强化涉水部门综合(联动)执法。

(4)推进完善运输市场诚信体系。

推动完善三地运输企业、从业人员信用信息收集和整理机制，并逐步推进与公安、工商、税务、金融、保险、安全生产监督等部门的信用系统的有效对接和信息共享，制定并落实守信激励和失信惩戒制度，加快建立跨地区、跨行业信用奖惩联动机制。

第 18 章 保障措施

18.1 完善合作体制机制

18.1.1 深化交通管理体制改革

(1)深化大交通管理体制改革。

继续深化大交通管理体制改革,建立健全部门间、行业间、区域间合力联动的发展协调机制。进一步健全省级综合交通运输规划编制协调机制,强化交通运输与自规、住建、工信、海关等部门之间的多规衔接,努力实现不同运输方式规划同图、实施同步,一张蓝图干到底。鼓励和支持城市群各地(市)加大综合交通运输改革探索,形成一批可复制、可推广的综合管理改革经验。

(2)完善区域物流发展的体制机制。

充分借鉴成都、深圳等在物流行业管理的经验以及湖北省在物流行业管理方面的改革成果,建议湖南省、湖北省、江西省三省探索在省(市)级层面成立物流办,直接隶属本级政府管理,推动湖北省进一步提升、优化、整合现有物流管理机构的职能和定位,实现对区域物流行业发展的统筹,推进物流一体化建设。

(3)统一公路与城市道路的管理机构。

未来随着城市群的进一步发展,公路与城市道路的界限将日益模糊,建议适时整合公路与城市道路的管理机构,实现由一个统一的公路(道路)管理机构统筹负责区域道路的规划、建设、养护、管理等各个环节,推进公路与城市道路在服务功能以及技术标准、建管养体制、主体、资金来源、适应的法律等方面的衔接。

18.1.2 完善区域协同推进机制

(1)建立长江中游城市群交通一体化规划组织。

借鉴美国MPO模式在区域协调中的发展经验，成立具有政府联合会性质的长江中游城市群规划组织，对整个区域进行系统规划，并为区域事务的协商决策提供平台。该组织的具体职能包括：为跨区域事务提供协商平台、提供区域规划技术支持、编制和修订区域交通规划、通过广泛讨论等实现多方参与等，具体职能见表18-1。

长江中游城市群规划组织核心职能及具体建议 表18-1

序号	核心职能	具体建议
1	为跨区域事务提供协商平台	（1）就区域重大问题的解决方案和决策进行协商； （2）就区域交通项目的投资、建设优先权等事宜进行讨论
2	提供区域规划技术支持	（1）将区域交通规划与土地利用、经济发展及环境保护结合考虑，使规划符合综合性、合作性和连续性的规划原则； （2）提供评价规划方案的技术支持，以便对规划方案进行项目建设排序、方案完善等
3	编制和修订区域交通规划	（1）编制和修订区域长期交通规划； （2）编制和修订区域近期建设计划； （3）编制区域年度执行方案
4	实现多方参与	（1）实现公众和所有受到规划影响的团体广泛参与讨论； （2）实现公众对区域交通规划建设的关注和需求响应

（2）强化鄂湘赣三地协商对话机制。

改变目前“一事一议”式的非制度性合作机制，借鉴德国都市区分歧协调机制的运作方式，构建常态化、分层次的区域利益平衡、诉求表达和对话谈判机制，增强区域合作的稳定性、紧密性和硬约束。长江中游城市群综合运输服务一体化分层次协商机制如图18-1所示。

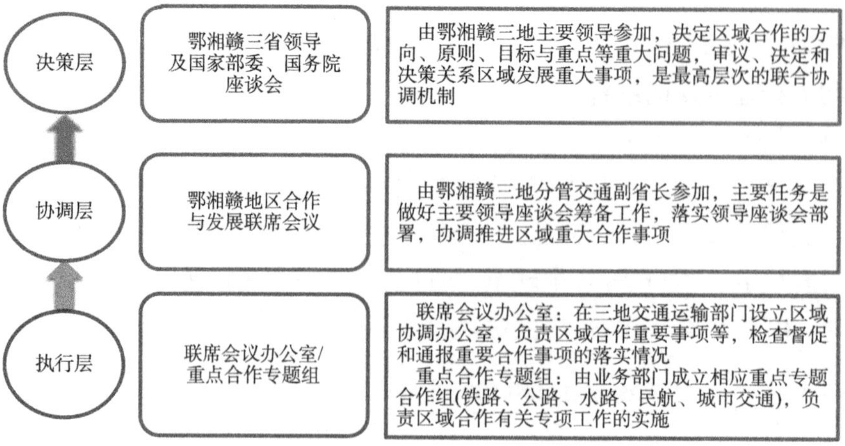

图18-1 长江中游城市群综合运输服务一体化分层次协商机制示意图

(3)建立区域重点行业的一体化管理协调机构。

借鉴美国设立交通发展专区或特别区的经验,建立长江中游城市群交通专区及相应的管理机构,以满足城市群重点交通行业一体化管理的需要。探索成立长江中游城市群港航发展委员会,不仅具有跨区域管理和协调职能,而且可以参考地主港发展模式,将码头前沿、后方仓储物流、临港工业、疏港铁路等与港口密切相关的区域和设施纳入管委会的管理范畴,进行纵向整合、统筹规划。探索成立跨区域公共交通管理委员会,由三省交通运输主管部门人员组成,负责对公交、出租、公路客运、城市轨道、城际轨道等跨区域运营进行协调和统筹,特别要创新轨道一体化运营管理模式,国铁与城际轨道的一体化运营,需要协调中铁总、南昌铁路局、武汉铁路局、广铁集团、城际运营公司,解决在国铁线路上开行城际客车的可行性及利益分配问题,推进相关部门对规划城际(城市轨道)线路引入既有(规划)的国铁站点的方式及线路走向进行协调。

(4)搭建三地企业合作平台。

充分发挥市场主体作用,营造良好发展环境,创新政企合作模式,整合各方资源,统筹推进重点项目、试点示范、专项行动等顺利实施,发挥企业在组织模式优化、装备改造升级、信息系统建设、科技创新应用等方面的作用,支持三地企业探索区域多机场系统整合运营管理模式,鼓励南昌铁路局、武汉铁路局、广铁集团与三地城际公司、城市轨道运营公司之间开展多种形式的合作,为实现三网换乘衔接、跨网运输、一体化售检票系统等创造条件,鼓励三地港口企业采取独资、参股、控股等方式跨区域投资开发岸线资源,建设经营码头设施,加强航线合作等;鼓励区域综合客运枢纽与城际客运铁路公司、城市轨道交通公司、班线公司、公交公司等签署合作协议,实现专业化客运业务的“托管”模式,组建三地异地候机楼公用化运营公司,促进异地候机楼服务多家机场公司;鼓励三地综合货运枢纽企业之间收购兼并、股权转让、资产剥离、资产置换等各种形式的资产重组,鼓励组建区域综合货运枢纽(物流园区)联盟。支持企业层面的人才、技术交流,通过定期培训、异地管理、轮换经营等机制,实现人才、技术的顺畅流通,提升企业整体实力。强化行业协会作用,支撑三地协会联合举办论坛、峰会、沙龙等活动,为合作发展创造条件。

18.2　创新多元投融资模式

(1)研究设立长江中游城市群综合运输服务一体化发展基金。

由三省政府筹集,主要投向跨区域交通基础设施(线路及站点)工程、公共航道、城际公交、公共信息平台建设、联程联运等方面,用于支持区域重大项目前期论证和推进,奖励积极推进综合运输服务一体化的企业等,尤其是轨道交通,可设立长江中游城市群轨道交通发展专项基金,大力促进区域轨道交通发展。

(2)推动成立长江中游城市群城际铁路投资公司。

落实铁路建设与周边土地综合开发政策措施,提升区域铁路建设投融资能力,参照城市交通枢纽综合开发模式,探索推进综合客货运枢纽、交通沿线土地综合开发等投融资模式。

(3)研究并推进政府和社会资本合作(PPP)模式。

鼓励社会资本发起设立股权投资基金,开展试点应用,吸引社会资本参与区域综合运输服务一体化发展。

(4)引导金融机构加大对综合运输服务一体化重大项目的信贷支持。

探索互联网类融资平台、信托贷款、建设债券、股权融资等多元化的融资手段。合理实施资产证券化,通过特定资产组合或特定现金流为支持,发行可交易证券以达到融资的目的,后续通过基础设施的市场化运作、多元化投资、滚动发展。

(5)积极争取中央和地方财政支持。

积极争取车购税、港建费、铁路建设基金、民航发展基金等专项资金支持,充分利用中央、地方有关服务业发展、节能减排、技术改造等各种财政资金支持政策,争取各级财政性资金、燃油税转移支付以及地方和专项债券投入,多渠道筹集长江中游城市群综合运输服务一体化发展资金。

18.3 强化专项政策支持

(1)中央和地方各级部门对涉及三地综合运输服务一体化的项目简化审批手续、优先安排实施,积极调整纳入铁路、公路、港口、综合枢纽、信息化发展等中长期专项规划,择优选取重点项目、重点工程申报国家各类试点示范工程,尤其是申请国家支持三地联合开展长江中游城市群综合运输服务示范区建设。

(2)创新土地供给政策,在严格保障耕地总量和保护生态环境的前提下,建立耕地占补平衡指标统一交易平台,在鄂湘赣全域范围探索试行跨省域、数量和质量并重的异地占补平衡政策。

(3)探讨建立三地对城际铁路、城际公交等建设、运营补贴的分担机制,研究运输结构调整政策,通过奖励或补贴的形式引导区域间运输方式合理转移。

18.4 加强科技创新引领

(1)联合开展专项科技攻关。

针对综合运输服务一体化发展中存在的突出薄弱技术环节,协调争取有关科研项目资金支持,重点开展枢纽协同管理和站场功能布局、装备技术创新、跨区域(方式)信息交互、物联网技术应用、联程联运组织及相关标准化建设等方面关键技术基础研究、联合攻关和示范应用。

(2)支持协同创新平台建设。

推进综合运输服务领域“产学研用”相结合的科研平台和重点实验室建设,支持大型骨干运输企业、装备制造企业等牵头搭建产学研用协同创新平台,支持有条件的企业、科研院所、高校,围绕联程联运装备、运输组织和物联网应用技术创新,建设高水平的重点实验室或研发中心。

(3)加强多层次全方位交流合作。

拓展对外合作渠道,强化旅客联程运输、货物多式联运、智慧运输服务、大数据应用等领域的国际技术交流、协同研究和企业合作,充分吸纳国际先进经验,结合长江中游城市群实际开展创新应用。充分利用三地交通运输院校教育资源,加强旅客联程运输、货物多式联运、大数据应用等课程设置和专业教材施用。强化管理人员和从业人员职业技能教育和培训,提高知识素养。鼓励高等院校与大型企业联合建立旅客联程运输、货物多式联运等相关业务综合培训和试验基地,鼓励企业开展各种形式的业务培训。

参考文献

[1] 侯卫中.对发展综合运输提升服务能力的探讨[J].青海交通科技,2009,5:2-6.
[2] 许旺土,何世伟,何必胜.综合运输货运服务网络运输能力及影响因素[J].综合运输,2009,6:64-68.
[3] 樊桦.综合运输服务体系的功能和实现路径[J].综合运输,2010,6:4-8.
[4] 樊桦.综合运输服务的内涵及影响因素分析[J].综合运输,2011,10:12-17.
[5] 樊桦.基于三个维度的我国综合运输服务发展评价[J].综合运输,2012,4:4-12.
[6] 汤放华,汤慧,孙倩,等.长江中游城市集群经济网络结构分析[J].地理学报,2013,10:1357-1366.
[7] 何胜,唐承丽,周国华.长江中游城市群空间相互作用研究[J].经济地理,2014,4:46-53.
[8] 张欢.经济发展新常态下提升综合运输服务工作之思考——湖北省综合交通运输发展现状分析[J].交通企业管理,2015,2:1-4.
[9] 赵光辉.我国综合运输服务质量指标体系研究[J].中国市场,2016,41:138-142.
[10] 李云汉,魏永存,林坦,等.城市群综合运输服务一体化问题与对策[J].综合运输,2017,39(10):94-99.
[11] 刘乐.城际旅客综合运输服务水平评价指标选择研究[D].西安:长安大学,2017.
[12] 邓一凡.道路客运融入综合运输服务的对策及效果评价研究[D].西安:长安大学,2017.
[13] 郭月宇.旅客综合运输服务水平评价模型构建研究[D].西安:长安大学,2017.
[14] 彭翀,林樱子,顾朝林.长江中游城市网络结构韧性评估及其优化策略[J].地理研究,2018,6:1193-1207.
[15] 刘振国,梁科科,张甜甜,等.我国综合运输服务与旅游融合发展思路及对策[J].交通运输研究,2019,5(6):12-19.
[16] 王云龙,吴群琪.综合运输服务的本质及其特征研究[J].生产力研究,2019(12):21-25.
[17] 吴群琪,王云龙,高原君.市场经济条件下的综合运输服务综述[J].综合运输,2020,42(2):32-38.
[18] 王云龙.综合运输服务技术经济评价指标体系研究[D].西安:长安大学,2020.
[19] 闫超,陈硕,龚露阳.高速铁路客运枢纽综合运输服务水平提升对策建议[J].交通世界,2021,14:1-3.
[20] 吴晓武.西部地区“十四五”期间综合运输服务发展对策[J].城市公共交通,2021,2:39-43.

[21] 崔晓刚. 综合运输体系下快捷货运服务网络设计[D]. 兰州:兰州交通大学,2021.

[22] 曹靖,吴颖. 湖南省综合运输服务一体化发展对策研究[J]. 运输经理世界,2022,13:157-159.

[23] 李小玉,邱信丰. 以数字经济产业协同促进长江中游城市群高质量发展研究[J]. 经济纵横,2022,12:41-49.